kailash

DOLPO TULKU RINPOCHE
DANIELA HARTMANN

Der kleine buddhistische Lebensberater

Von A wie Ärger bis Z wie Zufriedenheit

kailash

MIX
Papier aus verantwortungsvollen Quellen
FSC® C014889

Verlagsgruppe Random House FSC® N001967
Das für dieses Buch verwendete FSC®-zertifizierte Papier
Munken Premium Cream liefert Arctic Paper Munkedals AB,
Schweden.

1. Auflage
Originalausgabe

Lektorat: Michaela Perkounigg
Umschlaggestaltung und Innenlayout: ki 36,
Sabine Krohberger Editorial Design, München
Covermotiv: whiteisthecolor/shutterstock;
My name is boy/Shutterstock
Satz: EDV-Fotosatz Huber/Verlagsservice G. Pfeifer, Germering
Druck und Bindung: Pustet, Regensburg
Printed in Germany
ISBN 978-3-424-63102-9
www.kailash-verlag.de

Religionen haben die Funktion, unser natürliches Mitgefühl zu stärken, das uns allen als Menschen eigen ist. Verringert die Anwendung und Ausübung von Religion unser Mitgefühl, ist ihr wahrer Kern verloren gegangen.

INHALT

EINLEITUNG

Denken wir heutzutage an Buddhismus, tauchen meist Bilder von asiatischen Tempeln, Mönchsroben und einsamen Plätzen in schönster Natur vor unserem inneren Auge auf. Dazu stellen wir uns Stille, inneren Frieden und eine besinnliche Stimmung vor, eingetaucht im Duft von Räucherwerk. Wie soll diese Idylle in den hektischen Alltag passen, der bis zum Rand angefüllt ist mit den Anforderungen von Familie und Beruf, in dem Stress herrscht und wir nur allzu oft die Fassung verlieren? Diese beiden Welten scheinen unvereinbar. Bestenfalls schaffen wir es, einmal die Woche einen Meditationsabend oder Yogakurs zu besuchen – unsere spirituellen Auszeiten –, doch dann geht es gleich wieder zurück in die *wahre* Welt, fernab jeder Ruhe und Besinnlichkeit.

Ich möchte in diesem Buch zeigen, dass die Trennung von Alltag und spiritueller Praxis eine Illusion ist, ja mehr noch, dass sie grundlegend falsch ist. Die Lehren Buddhas wollen unseren Geist schulen, mit sämtlichen Lebenslagen so umgehen zu lernen, dass wir unseren inneren Frieden bewahren, Liebe und Mitgefühl entwickeln und fähig werden, Glück zu erfahren. Meditation und der Rückzug in die Abgeschiedenheit sind lediglich Mittel, um unseren

Geist zu stärken, damit wir anschließend in all unseren täglichen Verrichtungen besser zurechtkommen. Keinesfalls sollten wir also zwei getrennte, voneinander unabhängige Welten schaffen.

So spreche ich in meinem kleinen Lebensberater verschiedene Alltagsthemen an, mit denen jeder von uns regelmäßig konfrontiert ist. Seien es Ärger, Eifersucht oder Jammern, die wir überwinden wollen, oder Glück, Selbstvertrauen und Zufriedenheit, die wir gerne stärken würden, oder Themen wie Tod und Vergänglichkeit, die uns tief im Innern bewegen.

Jedes der nun folgenden Kapitel beginnt mit einer kurzen Definition des Begriffs und beleuchtet dann die Möglichkeiten, mit diesen verschiedenen Aspekten im Leben konstruktiv umzugehen.

Natürlich greife ich dabei hauptsächlich auf mein buddhistisches Wissen zurück, das ich in meinem siebzehnjährigen Studium im Kloster erlernt habe, aber auch auf meine persönlichen Erfahrungen als Yakhirte im Himalaya oder als buddhistischer Lehrer in den verschiedenen Ländern der Welt. Viele Einsichten gewann ich zusätzlich aus den zahlreichen Gesprächen mit Ärzten, Psychologen, Wissenschaftlern oder Gelehrten unterschiedlicher Religionen. Auch diese Perspektiven wollte ich einfließen lassen, um dem Leser einen möglichst weitgreifenden Eindruck zu vermitteln.

Ich hoffe, dass all das, was hier zusammengefasst wurde, vielen Menschen ein wenig helfen kann, ihr Leben positiver anzugehen, aber auch Hindernisse und Schwierigkeiten besser zu meistern. Das ist zumindest mein großer Wunsch und meine Motivation beim Schreiben und Lehren.

Kathmandu, Nepal
Januar 2015

Dolpo Tulku Rinpoche

A

ÄRGER

Was ist Ärger?

Ärger ist ein aufgewühlter Geisteszustand, der uns peinigt und keinen inneren Frieden zulässt. Wir ärgern uns über Dinge, von denen wir glauben, dass sie uns schaden und uns leiden lassen. Wir alle merken genau, wann wir wütend sind. Doch wenn wir uns wieder beruhigt haben, untersuchen wir dieses Gefühl meist nicht mehr genauer. Wir könnten zum Beispiel erforschen, welche Funktion die Wut übernimmt und welche Umstände unseren Geisteszustand verändern. Dies wäre sehr hilfreich. Denn dadurch erfahren wir nicht nur, warum wir eigentlich ärgerlich wurden, sondern erhalten mit der Zeit auch ein umfassendes Verständnis der Situationen, die uns Schwierigkeiten bereiten.

Wenn wir Ärger analysieren, zeigt sich, dass dic feinstofflichen Bahnen unseres Körpers, seine Energien und Essenzen aus der Balance geraten sind. So wie Joggen unseren

Blutkreislauf beschleunigt, beschleunigt ihn auch unser Ärger. Beides erweitert die Blutgefäße und erhöht den Puls. Der große Unterschied liegt in der Unruhe unseres Geistes. Medizinische Untersuchungen zeigen einen deutlich höheren Blutdruck als in entspanntem Zustand. Menschen, die eine spirituelle Praxis ausüben, schwächen durch Ärger ihre Praxis und die aus ihr erwachsenden Qualitäten. Ein aufgewühlter Geisteszustand lässt uns zudem Dinge fehlerhaft wahrnehmen und ignoriert meist das Gute.

Einige Wissenschaftler behaupten, Wut beinhalte auch positive Aspekte. Befinden sich beispielsweise zwei Personen in Auseinandersetzung, in der einer ruhig und gelassen bleibt, glaubt womöglich der andere: »*Ah, den kann ich leicht rumkriegen!*«, und fängt an, ihn zu provozieren. Der anfangs Ruhigere wird allmählich doch ärgerlich, da er beginnt, sich um seine eigenen Interessen zu sorgen. Er möchte keinesfalls den Kürzeren ziehen. In solchen Fällen, heißt es, sei es angebracht, Wut zu empfinden, um sich zu verteidigen. Ich persönlich glaube, dass wir uns da täuschen. Verhalten wir uns anderen gegenüber aggressiv, werden sie mit der Zeit ähnlich reagieren. Greifen sich zwei Parteien gegenseitig an, wird die Auseinandersetzung wohl erst beigelegt, wenn eine Seite gewonnen hat oder die andere sich geschlagen gibt. Doch selbst dann können wir nicht sicher sein, ob der Konflikt für denjenigen, dessen Bedürfnisse nicht gestillt wurden, wirklich beendet ist. Wir glauben oft, Wut helfe uns allein schon dadurch weiter, dass wir sie empfinden. Doch da irren wir, denn sowohl das Gefühl an sich wie auch seine Manifestation und sein Ergebnis führen letztendlich nicht zu unserem ursprünglichen Ziel, dem Selbstschutz.

Dennoch glauben wir, Ärger würde uns schützen. Wir wollen uns partout nicht unterkriegen lassen, wir wollen, dass nicht wir, sondern die anderen verlieren. In diesen Momenten unterscheiden wir nicht mehr zwischen gut und schlecht. Unsere Achtsamkeit, die normalerweise unser Verhalten bestimmt, tritt in den Hintergrund. Doch anschließend, wenn wir uns beruhigt haben, verwandelt sich der vermeintliche Schutz oft in sein Gegenteil: Wir schämen uns, bereuen unsere Handlungen und spüren, dass wir uns entschuldigen sollten. Wut mag sich zwar als Bodyguard geben, doch sie raubt uns das Juwel des inneren Friedens. Sie zerstört unsere Beziehungen zu den Menschen, die uns am wichtigsten sind. Tauchen gleichwohl Situationen auf, in denen wir uns vor anderen schützen müssen, sollten wir eine Methode wählen, die uns und anderen wirklich hilft – und nicht unsere innere Ruhe verlieren oder anderen Menschen schaden.

Blicken wir in unseren Bekanntenkreis, finden sich immer Menschen, die schnell ärgerlich werden – vielleicht, weil sie einen schwierigen Charakter haben oder negative Veranlagungen. Jedenfalls sind sie nie zufrieden, blicken meist griesgrämig drein, verderben anderen die Laune und wirken nicht besonders liebenswürdig. Es gibt auch jene, die leicht wütend werden, aber erklären, dies sei nicht weiter schlimm, da sie ja nicht in böser Absicht handelten. Dennoch machen wir andere unglücklich, wenn wir unsere Wut ausleben. Sich anschließend zu entschuldigen ist nicht einfach und macht Geschehenes nicht rückgängig. Selbst wenn es nicht unsere Absicht ist, jemanden zu verletzen, verdunkelt sich doch unser Gesichtsausdruck, und wir sagen Dinge, die anderen wehtun. Wir sollten also stets unseren Geist beobachten und im Zaum halten. So fällt es leichter, besonnen zu handeln, und wir haben anschließend nichts zu bereuen.

Umgang mit Ärger im Alltag

Wir können uns ärgern aufgrund unserer Vorstellungen und unseres begrifflichen Denkens oder aufgrund unserer Gefühle.

Wie Ärger entsteht

Kleine Kinder, die intellektuell noch nicht ausgereift sind, können sehr zornig werden, wenn ihnen zu kalt oder zu heiß ist, sie Hunger haben oder keine Süßigkeiten bekommen. Darüber hinaus machen sie sich kaum Gedanken. Das Kind ärgert sich nicht deshalb, weil etwas seinen Überzeugungen widerspricht, es reagiert vielmehr unmittelbar wütend, weil es sich unwohl fühlt – ganz ohne gedankliche Umwege.

Wesentliche Faktoren für Wut sind, wenn sich Glück, eine gute Stellung, guter Ruf und Ruhm einerseits und Unglück, eine unbedeutende Stellung, geringes Ansehen und mangelnder Bekanntheitsgrad andererseits gegenüberstehen. Treffen die ersten vier Punkte auf uns zu, geht es uns gut, und wir sind glücklich und zufrieden. Unter diesen Umständen fällt es leicht, anderen zu helfen. Dennoch basieren die meisten Auseinandersetzungen auf eben diesen vier Punkten. Psychologisch lässt sich das so begründen: Erfahren unsere Gegenspieler und jene, die ihnen nahestehen, Glück und so fort, reagieren wir mit Neid und Ärger. Verhindert hingegen jemand, dass wir oder Menschen, die uns nahestehen, Glück erfahren und so fort, reagieren wir ebenfalls wütend. Dies ist das Spiel der Leid verursachenden Emotionen.

Das Gegenmittel – Geduld üben

Der Buddhismus betrachtet das Vermeiden und Überwinden von Wut als unerlässlich. Die verschiedenen buddhistischen Übungen werden immer stufenweise gelehrt, so auch Geduld. Doch um Geduld zu entwickeln, braucht man nicht eigentlich Buddhist zu sein oder einem spirituellen Pfad zu folgen. Genauso wie wir Wasser benötigen, um Feuer zu löschen, brauchen wir Geduld, um Ärger zu überwinden. Geduld ist ein ruhiger Geisteszustand, frei von Aggressivität und somit das Gegenteil von Wut. Sich in Geduld üben heißt, sich mit ihr vertraut zu machen. Und je vertrauter wir damit werden, desto weniger müssen wir uns anstrengen. Der Ärger nimmt ganz von selber ab, und schließlich werden wir in jeder Situation besonnen reagieren können. Wie ein Sprichwort sagt: In was auch immer wir uns üben, darin werden wir Experten; womit auch immer wir uns vertraut machen, das wird zu unserem natürlichen Verhalten.

Der Buddhismus lehrt drei Arten von Geduld:

- **Geduld mit leidvollen Erfahrungen**
- **Geduld mit Wesen, die uns schaden**
- **Geduld mit anderen Religionen**

Geduld mit leidvollen Erfahrungen

Geduld mit leidvollen Erfahrungen heißt, schwierige Situationen akzeptieren zu können. Es bedeutet nicht, unnötiges, ungewolltes oder bedeutungsloses Leiden einfach nur über sich ergehen zu lassen. Es geht hier um das Maß an innerer Stärke. Wenn jemand nicht genug Stärke besitzt, anderen wirklich zu helfen, und sich so ärgert, dass er regelmäßig seinen inneren Frieden verliert, ist es wichtig, einen Weg zu finden, um innere Ruhe bewahren zu können. Darin liegt unsere größte Verantwortung. Sind wir zu dünnhäutig, können wir mit schwierigen Situationen nicht gut umgehen; unser Wohlbefinden ist sofort zerstört, sobald ein Problem auftaucht. Aus jeder kleinen Angelegenheit wird eine große Sache. Wir sollten darum als ersten Schritt unseren eigenen Geist zähmen. Erscheinen uns die Dinge gewohnheitsmäßig feindselig, fällt es schwer, das Positive in ihnen zu erkennen. Das macht psychisch krank und lässt uns die Freude am Leben verlieren. Es führt dazu, dass wir auf alle schwierigen

Umstände gereizt reagieren. Wir glauben, wir müssten andere Menschen oder gar ganze Gruppen ändern, um unser Wohlbefinden wiederzuerlangen. Diese Haltung ist einer der Hauptgründe, weshalb wir unzufrieden werden und unseren Ärger weiter nähren. Es ist, als würden wir es darauf anlegen, in Zukunft wieder und wieder wütend zu sein. Wir werden uns ärgern, weil wir unseren Partner, unsere Kinder, die Menschen in unserem Umfeld nicht verändern können. Deshalb sollten wir Abschied nehmen von dem Wunsch, Menschen und Situationen ändern zu wollen. Stattdessen müssen wir unseren eigenen Geist und unsere Gereiztheit wandeln. Werden wir gelassener, nehmen wir die vielen Kleinigkeiten in unserem Umfeld, die uns zuvor ärgerten, nicht länger als störend wahr, und es wird uns möglich, mit größeren Herausforderungen besser umzugehen.

Vor Kurzem fragte mich ein Bekannter, wie man sich geistig so trainieren könne, dass man seine Ängstlichkeit verliere und entspannter werde. Ich antwortete, dafür müsse man sich selbst beobachten, Verständnis entwickeln sowie Erfahrung und Wissen ansammeln. Mit diesen Voraussetzungen könnten wir die Herausforderungen des Lebens meistern. Diese Entwicklung kann ich aus eigener Erfahrung definitiv bestätigen.

Durch wachsende innere Stärke werden wir nicht nur geistig belastbarer, sondern außerdem fähig, uns um das Wohlbefinden anderer zu kümmern. Mit mehr Gelassenheit und Ruhe können wir anderen besser zur Seite stehen. Die

Lebensgeschichten von Nelson Mandela oder Mahatma Gandhi können hier als Beispiel dienen. Wir mögen uns vielleicht fragen, weshalb diese Menschen nicht zu Recht Zorn empfanden angesichts des großen Leids, das ihnen widerfuhr? Doch Persönlichkeiten wie sie erkannten, dass Wut einzig und allein unseren inneren Frieden zerstört und Situationen nicht wirklich verbessert.

Wollen wir uns in Geduld üben, müssen wir als Erstes unsere Wut bändigen. Als Nächstes müssen wir uns mit unserem Umfeld vertraut machen, die darin gegebenen Umstände richtig einschätzen lernen und dann entsprechend handeln. Und schließlich sollten wir uns damit abfinden, dass unsere Mitmenschen Verhaltensweisen zeigen, die völlig anders sind als unsere. Je mehr wir dies akzeptieren, desto stärker wächst unsere innere Kraft, wir beginnen, umfassender zu denken, und werden ganz natürlich geduldiger. Plötzlich erleben wir, dass Ereignisse, die uns vordem ärgerten, gar keinen Anlass mehr bieten. Es geht also nicht darum, die Objekte unserer Wut zu ändern, sondern unseren Geist durch Übung zu beruhigen. Deshalb sprechen wir vom Einüben der Geduld.

Geduld mit Wesen, die uns schaden

Es gibt immer Menschen, die uns nicht wohlgesinnt sind. Durch ihr Auftreten und ihre Stellung können sie uns in Frage stellen oder unser Leben erschweren. Versuchen wir, uns zu wehren, indem wir ihnen schaden, reagieren wir unbesonnen. Durchtrennen wir solch negatives Verhalten nicht gleich an seiner Wurzel und ersetzen es durch eine konstruktive Haltung, ist weder uns noch anderen geholfen.

Ärgern wir uns beispielsweise über unseren Chef, haben wir drei Möglichkeiten, mit der Situation umzugehen: Wir können (1) die Situation akzeptieren, nachdem wir sie untersucht haben; (2) die Arbeit aufgeben oder (3), falls sich mit beidem das Problem nicht lösen lässt, Gelassenheit üben. Gelingt es uns weder die Situation so anzunehmen, wie sie ist, noch den Job zu wechseln oder gelassen zu reagieren, werden wir mehr oder weniger acht Stunden am Tag, fünf Tage die Woche und Jahr für Jahr Ärger erleiden, so lange, wie wir dort unseren Lebensunterhalt verdienen. Gelingt es uns aber, entspannt zu bleiben und uns nicht zu ärgern, wenn unser Chef nörgelt oder unzufrieden ist, gelingt es uns auch, uns während der gesamten Arbeitszeit wohlzufühlen.

Sein eigenes Glück durch das Unglück anderer zu finden ist letztlich unmöglich. Pflegen wir unseren Groll, entwickeln wir mit der Zeit nur noch mehr Ärger. Wir glauben dann, wir wären im Recht und hätten keine andere Wahl, als uns zu verteidigen oder andere anzugreifen. Doch das Fundament ist unser Zorn, der nur immer weiter genährt wird. Ist dieses Fundament erst einmal gelegt, verdunkelt sich unser Geist so lange, bis sich Freunde, Familien, Dörfer und ganze Nationen entzweien oder Kriege führen.

Normalerweise glauben wir, die Personen, die uns Probleme bereiten, täten dies wissentlich und gern. Deshalb ist es wichtig herauszufinden: Wie ist die Situation tatsächlich, um die es mir und dem anderen geht? Haben wir uns wirklich verstanden? Wollte der andere mir wirklich wehtun? Dies sollten wir genau untersuchen. Wir nennen das *analytische Meditation*. Während dieser Betrachtung sollten wir unsere Gefühle außen vor lassen. Meist entdecken wir, dass uns selten jemand bewusst oder gerne schadet. Niemand möchte seinem Partner oder seinen Kindern wirklich schaden, doch ausgelöst durch bestimmte Umstände verhalten wir uns vielleicht dennoch lieblos und kränkend.

Nehmen wir eine Person, die normalerweise offen und nett ist, sich aber plötzlich unfreundlich verhält. Sind wir unaufmerksam, könnten wir denken: »*Ah, der schaut mich so grimmig an, obwohl ich gar nichts getan habe. Warum ist der sauer auf mich? Wenn er schlechte Laune hat, braucht er sie nicht an mir auszulassen.*« Mit dieser Haltung werden wir nur selber ärgerlich. Gelingt es uns dagegen, Verständnis für den anderen aufzubringen, könnten wir denken: »*Vielleicht geht es ihm heute nicht gut. Was er gerade sagt, brauche ich mir nicht so zu Herzen zu nehmen.*« Bleiben wir also offen und überlegen, wie wir den anderen unterstützen können, werden wir mehr Mitgefühl entwickeln und Glück erfahren.

Geduld mit anderen Religionen

Wut entspringt zweierlei: Emotionen und intellektuellen Konzepten. Sich über andere religiöse Systeme zu ärgern gehört zu Letzteren, da sich die Ansichten anderer von den unseren unterscheiden.

Es gibt zahllose Beispiele von Konflikten, die darauf basieren, dass Menschen nicht akzeptieren wollen, dass es verschiedene Kulturen und Religionen mit unterschiedlichen Hintergründen, Sichtweisen und vielfältigem Nutzen gibt und geben muss. Doch letztlich ist das Ziel aller Religionen, Frieden zu schaffen. Ohne diese grundlegende Einsicht werden Unverständnis, Wut und Aggression immer wieder aufs Neue entbrennen. Üben wir uns also nicht in Geduld anderen Religionen gegenüber auf der Grundlage unserer eigenen religiösen Sicht, schaffen wir auch kein Fundament für Frieden. Die Anhänger unterschiedlicher Religionen und Menschen, die Religion für sich ablehnen, sollten einander deshalb tolerieren. In jeder Religion gibt es Aspekte, die wir gutheißen können. Diejenigen Anteile nun, mit denen wir nicht übereinstimmen wie zum Beispiel die Annahme oder Ablehnung eines Schöpfergottes, können wir akzeptieren lernen, wenn wir uns Folgendes vergegenwärtigen: Jede Religion beinhaltet Elemente, die wir auch in der eigenen Religion schätzen. Nehmen wir diese Haltung ein, werden wir echtes Interesse und Respekt für andere religiöse Traditionen entwickeln.

Haben Menschen die gleiche Sichtweise, fällt es leicht, Toleranz zu üben. Wenn uns aber bewusst ist, dass alle Religionen im Grunde ein ähnliches Ziel haben, können wir leichter über diejenigen Punkte hinwegsehen, mit denen wir nicht übereinstimmen. Respekt und Anerkennung aufzubringen für Sichtweisen, die unserem Weltbild nicht entsprechen, ist eine echte Heldentat und eine Entscheidung für den Frieden. Begriffe wie Gleichwertigkeit, Herzensgüte und Weltfrieden werden dann bedeutungslos, wenn wir jede Abweichung von unserer eigenen Sicht nicht ertragen. Eine der Grundregeln innerhalb der buddhistischen Praxis ist deshalb, anderen Religionen Respekt zu erweisen und sich an ihren Qualitäten zu erfreuen. Erkennen wir dennoch einen Missstand, sollten wir nicht unreflektiert und unbedacht kritisieren. Aus buddhistischer Sicht gilt es als negativ, Schlechtes über andere Religionen zu sagen. Das heißt aber nicht, Unstimmigkeiten einfach zu übersehen.

Fassen wir abschließend alle Punkte zusammen, können wir sagen: Wesentlich ist, die zerstörerische Kraft von Ärger zu verstehen und unseren Geist durch Geduld und Verständnis zu transformieren.

B

BUDDHA

Wer war Buddha?

Der historische Buddha, damals noch Prinz Siddhartha genannt, wurde 623 vor Christus in Lumbini, im heutigen Nepal nahe der indischen Grenze, geboren und verstarb 543 vor Christus. (Diese Zeitrechnung wurde im Jahr 1950 von der Weltvereinigung der Buddhisten in Sri Lanka während der ersten Vollversammlung festgelegt.) Zu jener Zeit entstanden in Indien viele neue Glaubenssysteme, während andere verschwanden, und so war es ein günstiger Zeitpunkt für die Entwicklung einer neuartigen Religion. Jede philosophisch begründete Religion, die auf Logik basierte und sich für die Menschen im Alltag als nützlich erwies, besaß gute Chancen, innerhalb der vorwiegend hinduistischen Gesellschaft anerkannt zu werden. Die buddhistische Lehre, neben anderen wie die der Jains, beinhaltete diese Aspekte und konnte sich aus diesem Grund bei den damals üblichen öffentlichen Debatten durchsetzen und schließlich als eigenständige Religion verbreiten.

Mit den Jahrhunderten dehnte sich der Buddhismus über die Grenzen Indiens aus und fand Eingang in zahlreiche, meist asiatische Länder. Seit etwa dem 19. Jahrhundert nimmt das Interesse verstärkt auch in den westlichen Ländern zu. Das Forschungszentrum *Pew* beispielsweise veröffentlichte 2007 einen Bericht, aus dem hervorgeht, dass der Buddhismus in den Vereinigten Staaten von Amerika – nach Christentum und Judentum – bereits die drittgrößte Religion ausmacht.[1] Dies zeigt, dass sich diese über 2.550 Jahre alte Weisheitstradition mittlerweile zu einer modernen Weltreligion entwickelt hat.

Ist Buddha Gott oder Mensch?

Folgt man den Gelehrten unter den Buddhisten, wird Buddha Shakyamuni nicht als Gott, sondern als ein Lehrer betrachtet, der Befreiung erlangte und auf der Basis seiner authentischen Erfahrung und Erkenntnis den Weg hierzu lehrte. Dies ist ein Grund, weshalb sich zunehmend auch mehr westliche Menschen für seine Weisheitslehren interessieren. Weitere Gründe sind die Herangehensweise der logischen Beweisführung, die spezielle Sicht des abhängigen Entstehens, die prinzipielle Gleichwertigkeit aller Menschen und eine demokratische Entscheidungsfindung innerhalb der buddhistischen Gemeinschaften. Große Anziehungskraft liegt auch darin, dass Buddha Shakyamuni als Mensch durch die Praxis seines spirituellen Pfades vollkommene Weisheit erlangte und daraus unendliches Mitgefühl verwirklichte. Da wir in unserem Menschsein alle gleich sind, können wir diesem Weg folgen und ebenfalls Buddhaschaft erlangen. Die Lebensgeschichte Buddhas verdeutlicht sein Menschsein: Die Texte beschreiben, wie er sich im Mutterleib entwickelte, geboren wurde, verschiedene Fähigkeiten erlernte, heiratete, sich als Mönch ordinieren ließ, meditierte, seine negativen Geisteszustände überwand, Erleuchtung erlangte, schließlich den Dharma lehrte und ins Nirvana einging. Keines dieser Stadien überschreitet die Grenzen des Menschlichen. Er war keine magische Erscheinung, kein überirdisches Wesen oder Überbringer göttlicher Nachrichten in menschlicher Form.

Im Hinduismus dagegen wird Buddha als die neunte von zehn Erscheinungsformen des Gottes Vishnu[2] verstanden, der inkarnierte, um den Pfad des Friedens zu lehren. Die Lehren Buddhas werden darum als Teil der hinduistischen Lehren anerkannt. Es gibt noch weitere Beispiele für die Verbindung Buddha Shakyamunis mit anderen Religionen. Die Ahmadiyya-Muslime[3] zum Beispiel erkennen ihn als einen der Propheten an; eine Gruppe früher chinesischer Tao-Buddhisten nahm an, Buddha sei eine Reinkarnation Laotses[4]; und die Geschichte des christlichen Heiligen Josaphat[5] soll auf der Lebensgeschichte Buddhas beruhen.

Betrachten wir nun, wie Buddha selbst sich sah, so beschrieb er sich weder als eine Art Gott oder Gesandten Gottes noch dass er im Besitz von Schöpferkraft sei. Er sagte vielmehr: »*Die Buddhas können unheilsame Taten nicht wegwaschen. Sie können das Leiden der Wesen nicht mit einem Handstreich beseitigen. Sie können ihre Erkenntnis nicht auf andere übertragen. Sie zeigen einzig die friedvolle Natur der Wirklichkeit, wodurch Befreiung erlangt werden kann.*«

Buddha sagte außerdem: »*Jeder ist sein eigener Beschützer. Niemand sonst kann der Beschützer sein.*«

All dies deutet darauf, dass die Lehren und deren Bedeutung von jedem selbst erfahren und überprüft werden müssen, aber gleichzeitig auch für jeden erfahrbar sind.

Buddha im Alltag

Wir alle benötigen Lehrer in Bereichen, in denen uns Wissen und Erfahrung fehlen. So sind die ersten Lehrer und Wegweiser unsere Eltern, danach unsere Schullehrer, die unsere intellektuelle Entwicklung bis ins Erwachsenenalter begleiten. Lehrer formen unser Wissen und unsere Sicht auf die Welt und bilden zugleich eine Brücke zwischen den verschiedenen Abschnitten des Lebens.

Brauchen wir einen Lehrer wie Buddha?

Welche aber sind unsere wichtigsten Lehrer, und wie verhalten wir uns ihnen gegenüber angemessen? Aus meiner Sicht brauchen wir vor allem Lehrer, die uns einen Weg zu Glück und Zufriedenheit zeigen. Solche Lehrer müssen gleichzeitig Lehrer der Wahrheit sein. Und der Respekt, den wir ihnen entgegenbringen, richtet sich nach ihren Qualitäten. Dann sprechen wir von authentischen Lehrern.

Als ich zu Beginn meiner Ausbildung im Namdroling-Kloster in die Obhut meiner ersten Lehrer kam, besaß ich noch keine rechte Vorstellung davon, was ein Lehrer wirklich ist. Doch nach einiger Zeit und mit mehr Wissen erkannte ich die unterschiedlichen Qualitäten; meine Lehrer, allen voran Penor Rinpoche, vermittelten nicht nur die Bedeutung der Lerninhalte, sondern zugleich gütiges und wohlwollendes Verhalten sowie Geduld und Hingabe. Das erkannte ich allerdings nicht von heute auf morgen, sondern durch stetes Ansammeln von Erfahrungen, was mein Vertrauen zunehmend stärkte.

Wir alle brauchen Lehrer, die uns zusätzlich zur Wissensvermittlung zeigen, wie wir körperliches und mentales Wohlbefinden erlangen. Hierzu möchte ich eine Geschichte erzählen: Es trafen sich drei Schüler verschiedener Meister, von denen jeder behauptete, sein Meister sei der erstaunlichste. Der erste sagte: »*Mein Lehrer kann eine Woche meditieren, ohne zu schlafen.*« Daraufhin erzählt der zweite Schüler: »*Mein Meister ist noch wundersamer. Er kann, ohne zu essen, eine Woche lang meditieren.*« Der dritte schließlich warf ein: »*Mein Lehrer ist euren bei Weitem überlegen.*« Die beiden fragten erstaunt: »*Ohne was kann denn dein Lehrer auskommen?*« Der dritte Schüler antwortete daraufhin: »*Mein Lehrer kann nicht nur eine Woche lang meditieren, er isst auch, wenn er Hunger hat, und schläft, wenn er müde ist.*«

Der dritte Schüler betont in der Geschichte, was für unser tägliches Leben wichtig ist. Wir brauchen einen bodenständigen Lehrer, der, statt Wunder zu vollbringen, zeigt, was uns physisch wie seelisch erfüllt und uns geistigen Frieden bringt.

Wer ist ein Lehrer der Wahrheit?

Der indische Gelehrte Dharmakirti lebte im 7. Jahrhundert nach Christus und lehrte in Indien an der berühmten buddhistischen Nalanda-Universität. Er beschrieb in seiner Abhandlung über *gültige Erkenntnis* die Merkmale, die ein authentischer Lehrer aufweisen muss. *Gültige Erkenntnis* meint hier auf Logik basierende Erkenntnis. Ob *gültige Erkenntnis* in Verbindung mit dem Wort *Lehrer* im Deutschen ebenso verwendet werden kann und es die gleiche Bedeutung hat wie im Sanskrit und Tibetischen (Sanskrit *pramana*; Tibetisch *tshad ma rigs pa*), vermag ich nicht zu sagen. Deshalb verwende ich hier lieber die etwas verständlicheren Worte *wahr* und *Wahrheit*.

Der Ausdruck *Lehrer der Wahrheit* beinhaltet drei Aspekte: (1) Der Begriff *Wahrheit* meint das korrekte Erfassen der Dinge ohne jeden Irrtum; (2) der Schüler wird mit dieser Wahrheit nicht getäuscht; und (3) die Geschicklichkeit des Lehrers in der Anwendung seiner Methoden. Diese drei Faktoren nun können als Orientierung dienen und sollten im Prinzip allen religiösen, spirituellen oder politischen Leitfiguren zu eigen sein.

Wahrheit als ein korrektes Erfassen ohne jeden Irrtum

Dies bedeutet, der Lehrer besitzt ein fehlerfreies Verständnis der Wirklichkeit. Wird uns ein Pfad gezeigt, der auf einem falschen Verständnis gründet, wird er nicht zum Ziel führen, ganz egal, wie groß das Mitgefühl unseres Lehrers sein mag. Erklärungen, die nicht mit der Wirklichkeit übereinstimmen, sind nicht gültig begründbar, und ohne klare Begründung können die Zweifel der Schüler nicht beseitigt werden. Folglich wird es schwerfallen, Vertrauen in diese Lehren zu fassen. Kennt ein Lehrer nicht die psychischen und alltäglichen Probleme, unter denen wir leiden, wird er uns nicht wirklich weiterhelfen können.

Vergleichen wir dies mit einer liebenden Mutter, deren Kind erkrankt ist: Ihre Liebe allein lässt sie die Krankheit nicht verstehen und so das Kind nicht gesund werden. Darum braucht es einen Arzt, der die Krankheit zweifelsfrei diagnostizieren kann. In gleicher Weise ist es notwendig, dass wir in wichtigen Situationen keinen Irrtümern erliegen. Was wir also brauchen, ist eine klare und auf Logik begründete Erkenntnis der Wirklichkeit, die nicht auf blindem Vertrauen ruht, sondern auf einer exakten Analyse und einem sorgfältigem Studium.

Wie Jamgön Mipham Rinpoche, ein tibetischer Gelehrter (1846–1912), in seiner Abhandlung *Lampe der Gewissheit* feststellt: »*Als Erstes ist die Untersuchung wichtig. Denn wie kann ohne Untersuchung klare Gewissheit entstehen, die nicht interpre-*

tiert werden muss? Wenn keine klare Gewissheit herrscht, wie kann falsches Verständnis beseitigt werden?«

Wahrheit, die den Schüler nicht täuscht

Unter den vielen möglichen Gründen, andere zu täuschen, möchte ich nur einige nennen: das Verlangen, die eigenen Ziele zu erreichen, im Wettstreit zu gewinnen, reich und berühmt zu werden, Anhänger um sich zu sammeln. Aus all diesen Gründen führen Politiker, religiöse Leitfiguren, Lehrer oder Liebespartner einander in die Irre. Sie wollen ihren eigenen Vorteil sichern und zeigen damit, dass sie andere nicht ausreichend respektieren. Demgegenüber wird jemand, der verständnisvoll und mitfühlend ist, mit Wahrheit so umgehen, dass er ihm anvertraute Menschen achtet und nicht in die Irre führt.

Geschick in der Anwendung der Methoden

Geschicklichkeit ist für jede Art von Aktivität wichtig, vor allem aber, wenn wir Menschen führen und anleiten wollen. Wenn ein Lehrer nicht weiß, wie er seine Einsichten vermitteln soll, wird er seine Ziele schwerlich erreichen.

In den Himalaya-Regionen gibt es dazu ein Sprichwort: *»Dreißig Menschen haben dreißig verschiedene Vorstellungen. Dreißig Yaks haben sechzig unterschiedliche Hörner«*, das heißt, es gibt mindestens so viele Interessen, wie es Wesen gibt; und es ist schwer möglich, alle zufriedenzustellen. Darum ist es für jede Art Lehrer unabdingbar, die Vielfalt der Menschen mit ihren unterschiedlichen Fähigkeiten und mannigfaltigen Neigungen zu berücksichtigen sowie deren Lebensumstände innerhalb einer Gesellschaft zu kennen. Erwächst daraus ein klares Verständnis, flexible Methoden und das Ziel sowie die aufrichtige Motivation, unvoreingenommen zu helfen, sprechen wir von einem geschickten und auch vertrauenswürdigen Lehrer. Er oder sie beherrscht mühelos verschiedenste Methoden und wendet sie gewandt sowie in Einklang mit den unterschiedlichen Interessen, Bedürfnissen oder Nöten seiner Schüler an.

Beziehen wir diese drei Punkte nun auf den Buddha. In einem der Sutren, dessen Name *Das gekürzte Sutra* lautet, heißt es: »*Wie können Myriaden von führerlosen Blinden, die den Weg nicht kennen, in ein Dorf gelangen? Ohne Weisheit sind die fünf augenlosen Tugenden vergleichbar Blinden ohne Blindenführer, nicht fähig, Erleuchtung zu berühren. Nur wenn vollständige Erkenntnis durch Weisheit erlangt ist, erhalten sie Augen und den Namen* transzendentale Weisheit.«

Bezogen auf den Pfad der Weisheit, der auf logischer Beweisführung beruht, sagte Buddha: »*Mönche und Gelehrte, so wie Gold geschmolzen, geformt und gerieben wird, so untersucht meine Worte sorgfältig; nicht allein aus Respekt mir gegenüber sollt ihr sie übernehmen.*«

Ein Lehrer kann die Wahrheit nur aufzeigen. Das, was wirklich ist, muss jeder selbst untersuchen, erforschen und letztendlich erfahren. Bezogen auf Punkt zwei nun, die Wirklichkeit korrekt zu lehren und den Schüler nicht zu täuschen, möchte ich etwas ausholen. Als Buddha Shakyamuni entschied, das Königreich seines Vaters nicht zu übernehmen und alles aufzugeben, ließ er nicht aus Eigeninteresse alles hinter sich, sondern weil er auf der Suche nach Wahrheit und einem Weg war, der die Leiden von Geburt, Altern, Krankheit und Tod sowie die mentalen Leiden aller Wesen beenden kann. Es war Mitgefühl angesichts des Leids, das ihn veranlasste, sich dem Wunsch seines Vaters zu widersetzen. Er widersetzte sich aber nicht nur seiner Bestimmung als König, sondern handelte auch sonst vollkommen frei und unvoreingenommen. Gesellschaftliche Klassen, verschiedene Religionen und Länder, sie alle erachtete er als gleichwertig in dem Wunsch, frei zu sein von Leiden und Glück zu erfahren. Als König wäre es seine Aufgabe, das Reich vor Feinden zu sichern und dessen Grenzen zu erweitern. Dazu hätte er andere besiegen und Methoden anwenden müssen, die notgedrungen Leiden hervorrufen.

Buddha besaß also die Weisheit, die Wirklichkeit so zu erkennen, wie sie ist; er hatte unermessliches Mitgefühl und die innere Stärke, seine Anhänger nicht zu täuschen, und war frei von Stolz, andere von der Wahrheit seiner Lehren überzeugen zu müssen. Sein Geschick bestand darin, in Verbindung mit den Objekten und Inhalten, der jeweiligen Zeit und den unterschiedlichen Interessen der Schüler so zu lehren, dass jeder sich angesprochen fühlen konnte, während er zugleich die Fähigkeiten eines jeden Einzelnen berücksichtigte. Den jeweiligen Umständen angemessen lehrte Buddha mit dem letztendlichen Ziel zu zeigen, dass alle negativen Geisteszustände und damit sämtliches Leid überwunden werden kann.

Ein Beispiel: Wollen wir mithilfe eines Reiseführers den Taj Mahal besichtigen, werden uns zunächst verschiedene Transportmittel vorgeschlagen. Wir können ein Flugzeug nehmen, einen Zug, ein Schiff oder ein Auto. Zudem können wir zwischen verschiedenen Hotels mit unterschiedlicher Ausstattung wählen. Diese unterschiedlichen Möglichkeiten werden uns entsprechend unserer finanziellen Mittel, unseres Zeitbudgets sowie unserer Vorlieben angeboten. Das Ziel indes bleibt, nämlich die Besichtigung des Taj Mahals. Ob wir den Empfehlungen des Reiseführers nun folgen und tatsächlich unser Ziel erreichen, hängt von uns selbst ab. Und Entsprechendes gilt für uns: Je nach Entwicklungsstufe eines Schülers und gemäß seinen Neigungen kann er die verschiedenen Methoden, die Buddha gelehrt hat, nun anwenden, um seine Fähigkeiten zu stärken und negative Geisteszustände zu überwinden, oder eben nicht. Denn die tatsächliche Umsetzung bleibt grundsätzlich jedem selbst überlassen. Dies ist der Kern der Dharma-Lehren.

C

CHARAKTER

Was ist Charakter?

Das Wort *Charakter* stammt aus dem Griechischen und ist geprägt von der philosophischen Ethik Aristoteles'. In der modernen Psychologie versteht man unter Charakter diejenigen Aspekte der menschlichen Persönlichkeit, die das Fundament für moralisches oder amoralisches Verhalten bilden.

Der Hindu-Gelehrte Swami Shivananda[6] versteht unter Charakter das, was den Tod überdauert, eine Einstellung, die wir generell in hinduistischen Glaubenssystemen finden. Da der Charakter dort verschiedene Aspekte einer zeitlosen inhärenten Persönlichkeit oder Seele beschreibt, ist er zeitlich nicht begrenzt. Dennoch kann sich der Charakter jederzeit verändern und deshalb auch spirituell in eine positive Richtung entwickeln.

Aus buddhistischer Sicht nun ist die Natur unseres Geistes seiner Essenz nach zeitlose, reine Liebe und Mitgefühl.

Unser Charakter, der auf diesem Fundament ruht, ist deshalb ebenfalls seit jeher rein und muss seinem Wesen nach nicht verändert werden. Doch wie Wolken durch einen klaren Himmel ziehen und ihn trüben, entstehen auch in unserem Geist Schaden verursachende Emotionen und damit verbundene karmische Tendenzen und Gewohnheitsmuster. Und je nachdem, welche Gewohnheiten wir uns angeeignet haben, entwickeln wir entsprechend positive, negative oder auch neutrale Charakterzüge.

Aus meiner persönlichen Sicht setzt sich unser Charakter aus der grundlegenden Natur eines jeden Menschen, seinen verschiedenen Charakterzügen und seinem Verhalten von Körper, Sprache und Geist zusammen. Dabei ist die grundlegende Natur ausschlaggebend; auf ihrem Fundament entwickeln sich die unterschiedlichen Persönlichkeitsaspekte und das individuelle Verhalten. Gleichzeitig beinhalten diese Faktoren einen angeborenen Teil sowie einen, der sich erst im Lauf der Zeit entfaltet.

Jener Anteil, der angeboren ist und den wir qua Geburt mitbringen, formt sich nicht aufgrund äußerer Umstände. Er ist bedingt durch unsere Familie und die DNA, die uns vererbt wurde. Blicken wir in unsere Schulen, können wir beobachten, dass manche Schüler eine natürliche Intelligenz besitzen und nicht viel lernen müssen, um den Unterrichtsstoff zu verstehen. Andere Kinder hingegen müssen sich weit mehr anstrengen. Und so gibt es auch im Hinblick auf das Maß an Liebe, Mitgefühl und Verständnis große Unterschiede zwischen den Kindern, was, wie gesagt, mit unseren Eltern sowie unserer Familienabstammung zusammenhängt.

Diejenigen Charakteranteile, die sich erst mit der Zeit und anhand des Einflusses unserer Eltern, Lehrer oder Studienfächer sowie später unserer Arbeit, Kollegen und Freunde entwickeln, formen unsere Charakterzüge, unser Verhalten weiter aus und damit auch unsere grundlegende Natur.

Ein kleines Beispiel: Als ich mit acht Jahren im Dolpo bei meinen Eltern lebte, kochte ich manchmal gemeinsam mit meiner Mutter unser Essen. Es fiel mir sehr leicht und hat riesigen Spaß gemacht. Doch nachdem ich als Tulku anerkannt worden war, wurde das Essen fortan für mich bereitet; ich musste nie wieder kochen und habe es allmählich verlernt. Heute fällt es mir viel schwerer, und ich habe nicht mehr den *Charakter eines Kochs*.

Charakter im Alltag

Es gibt verschiedene Möglichkeiten, den Charakter einer Person zu erkennen. Doch weshalb ist es eigentlich wichtig, den Charakter eines Menschen herauszufinden, mit dem wir in Verbindung stehen?

Erkennungsmerkmale

Die Antwort lautet: weil der Charakter die Identität eines Menschen bildet. Diese Identität enthält unsere grundlegende Natur, die damit einhergehenden Charakterzüge sowie unser Verhalten. Folglich ist es möglich, den natürlichen

Charakter auch anhand des äußeren Verhaltens der jeweiligen Person abzulesen.

Im *Sutra der unübertroffenen Erleuchtung* steht: »*Mithilfe des Rauchs entdeckt man das Vorhandensein von Feuer. Wasservögel deuten auf die Gegenwart von Wasser. Denjenigen, der den Erleuchtungsgeist besitzt, erkennt man an seiner makellosen gültigen Erkenntnis.*« Anhand der Qualitäten seines Charakters können wir also auch ein erleuchtetes Wesen beziehungsweise einen Bodhisattva eindeutig erkennen. Ein Bodhisattva ist nämlich ein Wesen, das aufgrund seines großen Mitgefühls den Wunsch entwickelt hat, alle fühlenden Wesen zur Erleuchtung zu führen.

Andererseits geschieht es natürlich, dass jemand ein bestimmtes Verhalten nur vortäuscht. Deshalb ist es wichtig, einen Menschen über längere Zeit zu beobachten und ihn in unterschiedlichen Situationen, unter verschiedenen Umständen und in glücklichen wie unglücklichen Momenten zu erleben. Erst dann können wir ein echtes, umfassendes Verständnis seines Charakters gewinnen.

In einem indischen Film, den ich sah, wurde eine junge Frau gezeigt, die sich für ein Rendezvous hübsch machte. Doch ihre Mutter sagte zu ihr: »*Richte dich heute nicht besonders her, sondern gehe, wie du bist, und verhalte dich ganz normal. Mag er dich so, dann wird er noch angezogener sein von dir, wenn du dich einmal hübsch für ihn machst. Zeigst du dich jetzt aber unnatürlich, wird er vielleicht enttäuscht sein, wenn du ihm später natürlich entgegentrittst.*« Dieser Rat der Mutter ist ein sehr kluger.

Wir sollten grundsätzlich durch unser Verhalten immer auch unseren Charakter offenlegen.

Verschiedene Charaktertypen

Durch das äußere Verhalten mittels Körper und Sprache ist es uns also möglich, den natürlichen Charakter eines Menschen herauszufinden und zu erkennen, ob dieser eher positiv, negativ oder etwas dazwischen ist. Doch bei dieser Einschätzung gehen wir zwangsläufig von unserer eigenen Sichtweise aus und bewerten den Charakter anderer gerne entsprechend der eigenen Kriterien. Es ist aus diesem Grund sehr schwer, allgemein zu bestimmen, was an einer Person positiv, negativ oder neutral ist.

Häufig kommt es bei solchen persönlichen Beurteilungen vor, dass wir uns täuschen und den anderen nicht oder nicht richtig erkennen. Wenn ich beispielsweise öffentliche Vorträge halte, sitzen mir Leute mit ganz unterschiedlichen Wünschen und Erwartungen gegenüber, entsprechend ihrer jeweiligen Persönlichkeitsstrukturen. Manchen gefällt ein Vortrag genau so, wie er gehalten wurde, andere dagegen sehen ihre Erwartungen nicht erfüllt. Einige wollten einen noch tieferen Einblick, während andere sich einen leichteren und verständlicheren Überblick gewünscht hätten und so fort. Wie kann ich da allen Wünschen und Erwartungen gerecht werden und mich einer Beurteilung entziehen? Gäbe es andererseits keinerlei Standards oder Kriterien, die wir erfüllen könnten, würden Unterscheidungen in positiv, negativ oder neutral schnell durcheinandergeraten. Deshalb muss es unbedingt Eingrenzungen und eine Differenzierung der Qualitäten geben, damit es uns möglich wird, positiv von negativ zu unterscheiden.

Den positivsten Charakter besitzt ein Mensch, der grundsätzlich offen ist und anderen gerne hilft. Ein mittelmäßiger Charakter zeigt sich daran, dass eine Person anderen vielleicht nicht unbedingt gerne hilft, aber doch auch niemandem schaden möchte. Die negativste Ausprägung besitzt jemand, der engstirnig ist und anderen schadet oder gar bewusst schaden will. Weitere Charaktermerkmale negativer Art wären Misstrauen, Wut, Nervosität, Egozentrik, Selbstherrlichkeit, Unzufriedenheit, Unabhängigkeit oder Geiz; positive dagegen Vertrauen, Geduld, ein ruhiges Gemüt, Einfühlungsvermögen, Bescheidenheit, Zufriedenheit, Fröhlichkeit oder Großmut.

Da es so viele verschiedenartige Charaktere gibt, muss ich als (buddhistischer) Lehrer während meines Unterrichts ganz unterschiedliche Methoden anwenden, um einen bestimmten Punkt oder Inhalt gemäß der unterschiedlichen Fähigkeiten, Temperamente und Ansprüche meiner Zuhörer verständlich vermitteln zu können. Ich kann nicht einfach willkürlich drauflosreden, sondern muss meinen Vortrag sorgfältig gestalten. Zumal es keine allgemein anwendbare Methode gibt, die sicherstellen würde, dass mich alle Anwesenden auch wirklich verstehen. Es liegt vielmehr an mir, die jeweiligen Charaktertypen zu erkennen und meine Inhalte entsprechend zu lehren. Buddha erteilte die Unterweisungen der verschiedenen Ebenen seiner Lehren ebenfalls gemäß der natürlichen Veranlagung seiner Schüler, und er ließ dabei große Umsicht walten.

Wege, den Charakter zu verändern

Die hinduistischen Lehren besagen, dass der wahre Charakter der Seele zwar unwandelbar sei, temporäre Charakterzüge jedoch verändert werden können. Der Buddhismus lehrt, dass die letztendliche Natur des Geistes rein ist und von daher keiner Berichtigung bedarf. Die vorübergehenden negativen Emotionen hingegen sollten nach Kräften umgewandelt werden.

Im Buddhismus bedeutet das Wort *Dharma*, den Körper, die Sprache und den Geist in eine heilsame Richtung zu wenden und nicht in Negativität zu verfallen. Dies stimmt mit der Grundaussage überein, dass Charakterzüge veränderbar seien. Und so ist aus buddhistischer Sicht der positive Aspekt an Fehlern die gleichzeitig gegebene Möglichkeit, sie zu korrigieren und aufzugeben.

Meiner Auffassung nach untersuchen die verschiedenen Religionen, Philosophien und Psychologien die Gefühle der Menschen auf sehr differenzierte und subtile Art. Dennoch sollten wir uns gleichermaßen und ganz unabhängig auf unsere eigene Alltagserfahrung stützen.

Ich möchte also noch einmal zusammenfassen: Unsere angeborenen Charakteranteile lassen sich nur sehr schwer ändern, während diejenigen, die sich im Lauf des Lebens entwickeln, modifizierbar sind. Achtzig Prozent des angeborenen Charakters sind meiner Ansicht nach festgelegt und formen die individuelle Persönlichkeit – in ihrer Natur, ihren unterschiedlichen Aspekten und ihrem Verhalten. Ein Sprichwort besagt: »*Die Eigenschaften eines Menschen sind veränderbar, nicht aber sein angeborener Charakter.*« Dies ist nicht nur ein netter Spruch, er basiert auch auf konkreten Erfahrungen, und wie so viele unserer Redensarten entspringt er nicht in erster Linie den Erkenntnissen Gelehrter oder wissenschaftlicher Untersuchungen, sondern der erfahrbaren Wirklichkeit.

Die Charaktereigenschaften, die sich im Zuge der Zeit entwickeln, prägen ebenfalls unsere grundlegende Natur, unsere Charakterzüge und unser Verhalten. Da ich in einem kleinen Dorf geboren wurde, wollte ich immer eine große Stadt besuchen. Als Kind ging ich dann aber ins Kloster, wuchs dort auf und gewöhnte mir den entsprechenden Lebensstil an. Als ich schließlich wirklich zum ersten Mal in eine Stadt kam, hielt ich es dort aufgrund meiner Prägungen nur wenige Tage aus.

Die meisten Anteile unseres Charakters, die sich erst nach und nach bilden, entwickeln wir bis zum Alter von 40 Jahren. Danach verändern wir uns weit weniger. Natürlich können wir auch dann noch negative Angewohnheiten überwinden wie zum Beispiel übermäßigen Alkoholgenuss, doch das Ändern des herausgebildeten Charakters an sich wird sehr viel mühsamer.

Methoden, Charakterzüge zu wandeln

Den angeborenen Charakter eines Menschen zu verändern ist fast unmöglich. Wenn ein Mensch introvertiert ist, kann er sich zwar einige Methoden aneignen, um auf andere Menschen zugehen zu lernen, doch er wird diese Charaktereigenschaft vermutlich nie ganz ablegen können.

Es gibt aber auch Charakterzüge, die durch ein Ungleichgewicht im Körper entstehen wie beispielsweise einen Mangel an Hormonen, ein überreiztes Nervensystem und Ähnliches. In solchen Fällen sollten wir uns besser medizinischen Rat einholen.

Erworbene Charaktereigenschaften nun, die sich im Lauf des Lebens entwickeln, sind einfacher zu verändern und werden durch eine Vielzahl von Einflüssen bewirkt. Der erste Schritt jedoch ist, zu erkennen, welche unserer Persönlichkeitsmerkmale wir als negativ empfinden und gerne ablegen möchten, aber auch, welche positiven Qualitäten wir stärken wollen. Dieser erste Schritt, die Selbstanalyse und Einsicht, ist gleichzeitig der wichtigste.

In unserem täglichen Leben sollten wir zudem den wohlgesinnten Rat unserer Eltern und Freunde beherzigen, die zuweilen negative Eigenschaften an uns entdecken und darauf hinweisen, wie wir sie verändern können. Beobachten wir das Verhalten anderer, könnten wir überprüfen, ob wir nicht ähnliche Charakterzüge auch in uns finden, und dann den Wunsch wecken, uns zu ändern. Wenn Ratschläge und Einsicht alleine nicht helfen, können wir auch mit Psychologen oder spirituellen Lehrern arbeiten, die bestimmte Methoden vermitteln wie Meditation, Entspannungs- oder Kommunikationstechniken.

Aus Sicht des Buddhismus ist vor allem eine positive Motivation, die uns zu Veränderung anspornt, essenziell. Erkennen wir zum Beispiel, dass wir einen jähzornigen Charakter haben und anderen wie uns selbst damit schaden, kann uns dieses Wissen motivieren, uns in Geduld zu üben und die nötigen Voraussetzungen dafür zu schaffen. (Mehr dazu in Kapitel *A – Ärger.*) Spezifisch buddhistische Ansätze sind außerdem: Disziplin, meditative Versenkung und Weisheit. Das heißt, Disziplin, um dem Ärger nicht nachzugeben und dessen Gegenmittel, die Geduld, anzuwenden; meditative Versenkung, um den Ursachen unserer Wut nachzugehen und sowohl unseren Ärger als auch die Umstände zu verstehen, die uns dabei helfen, ihm nicht zu folgen; und schließlich Weisheit, welche die negativen Konsequenzen unseres Verhaltens erhellt und die innere Kraft freisetzt, an uns weiter zu arbeiten.

D

DHARMA

Was ist Dharma?

Das Sanskritwort *Dharma* bedeutet in erster Linie *Verantwortung*. Im buddhistischen Kontext meint dies, Verantwortung für unseren Geist zu übernehmen, damit er nicht in negative Zustände abgleitet. *Dharma* wurde ins Tibetische mit dem Wort *Chö* übersetzt und meint hier *verändern*, *reparieren* oder *umkehren*. Doch was soll *umgekehrt* beziehungsweise *verändert* werden? Es sind unsere negativen Geisteshaltungen wie Anhaftung, Ärger, Wut oder Eifersucht, die wir transformieren müssen. Die *Dharma-Praxis* enthält Methoden, mit denen wir positive Geisteszustände wie Weisheit, Mitgefühl und Liebe stärken und damit die negativen Zustände verringern können.

Die Lehren Buddhas, also das, was wir den buddhistischen Dharma nennen, beinhalten vier Aspekte, die ich nun im Einzelnen anführen möchte.

Die Sicht der Leerheit und des abhängigen Entstehens

Dieser Aspekt wird ausführlicher in Kapitel *N – Natur* behandelt. Zusammengefasst jedoch beinhaltet die Vorstellung von Leerheit, dass kein Phänomen, also nichts, was existiert, eine eigenständige inhärente Natur besitzt. Abhängiges Entstehen dagegen beschreibt, wie die Phänomene in Erscheinung treten: entweder *in Relation* zueinander – so kann es *links* nur in Verbindung mit *rechts* geben – oder aufgrund von *Kausalität* – so gibt es einen Apfel nur, weil er an einem Apfelbaum reifte, der wiederum aus einem Apfelkern entstand, der nur mithilfe von Wärme, Wasser, nährstoffreicher Erde und so fort wachsen konnte.

Verwendung von Logik

Buddha hielt seine Schüler dazu an, seinen Lehren nicht einfach blind zu folgen, sondern sie zu untersuchen und auf ihren Wahrheitsgehalt zu prüfen. Nur was ein Schüler wirklich für sich als gültig anerkennt, soll er praktizieren und anwenden.

Gleichwertigkeit

Im Buddhismus werden alle fühlenden Wesen als gleichwertig betrachtet, da alle, von der kleinsten Ameise bis zum größten Säugetier, nach Wohlbefinden und Glück streben und gleichzeitig Leiden vermeiden wollen. Auch Männer und Frauen werden in den Lehren ebenbürtig behandelt, selbst wenn dies in manchen Ländern aufgrund kultureller Gegebenheiten nicht immer umgesetzt wird.

Demokratie

Wurde zu Buddhas Zeiten einem Kloster ein Stück Gold gespendet, durfte jeder Ordinierte mitentscheiden, ob es beispielsweise für eine Küche, einen Tempel oder einen Schlafsaal eingesetzt werden sollte. Zum Zweck der Abstimmung gab es entsprechend viele Schalen, und jeder bekam einen Holzstab, den er daraufhin in jenes Behältnis gab, für das er stimmen wollte.

Dharma im Alltag

Unabhängig davon, ob wir Dharma-Belehrungen hören oder meditieren, sobald wir uns mit Dharma beschäftigen und ihn umsetzen möchten, sollten wir unsere Gedanken und unser Mitgefühl auf alle Wesen ausdehnen. Unser Zuhören und unsere Meditation sollten mit offenem Herzen geschehen und zum Wohle aller Wesen ausgerichtet sein.

Die Praxis des Dharma

Benutzen wir den Dharma, um egoistische Motive und nur unser eigenes Wohl zu verwirklichen, wird uns dies letztlich Leiden bringen. Dies ist vergleichbar einem goldenen Seil, das uns die Hände bindet. Da das Seil aus Gold ist, mögen wir denken, es sei eine bessere Art, Hände zu fesseln. Doch gleichgültig, ob diese Fessel aus Gold oder einem anderen Material besteht, sie verhindert, dass wir uns frei bewegen, und verursacht letzten Endes Leid. Deshalb sollten wir in unserem Geist stets Mitgefühl erwecken und mit altruistischer Ausrichtung praktizieren.

Das tibetische Wort *nyam len*, das häufig mit *Praxis* übersetzt wird, bedeutet *etwas in den eigenen Erfahrungsbereich einbeziehen* und zwar im Sinne von *genau jetzt*. Worum es – mit anderen Worten – geht, ist wahrzunehmen, was genau in diesem Augenblick geschieht, also den Geist immer *jetzt* zu beobachten und mit unserem Bewusstsein in genau diesem Moment zu arbeiten und zu praktizieren.

Den Dharma anzuwenden heißt folglich, unseren Geist in eine positive Richtung zu wenden; es bedeutet aber nicht, unbedingt Buddhist sein zu müssen. Vielmehr beinhaltet die Praxis, eine natürlich positive Haltung zu gewinnen sowie mit klarer Ausrichtung, reinem Geist und reiner Motivation zu handeln. Und dies können wir in allen Lebenssituationen und Lebensphasen, beginnend mit der Kindheit, während unserer Schul- und Ausbildungszeit und später im Arbeitsleben.

Dharma bedeutet also, ein konstruktives, gutes Verhalten zu kultivieren, das auf einer reinen Motivation gründet. Dharma-Weg meint demnach nicht, lediglich bestimmte Meditationspraktiken auszuüben oder in einem Tempel Rituale mit Glocke und Vajra oder kleinen Trommeln auszuführen und Mantras zu rezitieren. Rituale allein begründen noch keine Dharma-Praxis.

Wenn wir zwei Stunden am Tag meditieren und mit dem Gedanken beten »*Möge ich und alle Wesen Glück erfahren*«, jedoch nicht fähig sind, den Dharma in unser eigentliches Leben zu integrieren, ist dies keine Praxis, und wir sind noch keine wirklich Praktizierenden. Es ist, als ob wir beteten: »*Ich möchte ein Auto. Ich wünschte, ich hätte ein Haus!*« So angestrengt wir auch beten mögen, dies allein schafft die Dinge nicht herbei und schenkt uns kein wahres Glück.

Wirklicher Dharma findet im alltäglichen Leben statt, wenn wir unsere Praxis in die täglichen Verrichtungen integrieren und bei unserer Arbeit anwenden – nicht nur, wenn wir einen Tempel oder ein buddhistisches Zentrum besuchen. Sind wir beispielsweise Angestellte in einem Büro, haben wir die Wahl, mit welcher Einstellung wir unseren Job verrichten. Für uns selbst und andere wäre es am besten, wir würden eine aufrichtige, positive Motivation gegenüber der Firma und allen dort Arbeitenden entwickeln und danach streben, mit dem, was wir tun, anderen zu nützen. Ist zum Beispiel das Geldverdienen nicht unsere einzige Motivation, praktizieren wir bereits eine Form von Freigebigkeit. Es bieten sich außerdem vielfältige Möglichkeiten, uns in Geduld zu üben, indem wir versuchen, uns nicht so schnell über andere Kollegen zu ärgern. Und wenn Mitarbeiter befördert werden oder eine Gehaltserhöhung erhalten, können wir, statt eifersüchtig zu reagieren, uns für sie freuen. Neid wirkt extrem zerstörerisch auf unser psychisches Wohl und raubt das innere Gleichgewicht. Den Dharma also direkt und mittels unserer negativen Emotionen zu praktizieren ist sehr viel schneller und effektiver, als sich in die Abgeschiedenheit zurückzuziehen, um zu meditieren.

Was wir also mithilfe der Dharma-Praxis verändern, ist unser Verhalten von Körper, Sprache und Geist. Von diesen dreien jedoch ist die Veränderung des Geistes die wichtigste. Wir müssen unseren eigenen Geist erforschen und erkennen, wie er funktioniert. Dabei sollten wir uns nicht allein auf bestimmte Texte und Bücher stützen oder buddhistisch-philosophische Abhandlungen lernen. Im Kern geht es einzig darum, dass wir anfangen, uns selbst zu beobachten, damit wir sehen lernen, wie sich unser Geist verhält und welche unterschiedlichen Stadien er durchläuft. Wir müssen uns bewusst werden, wie Ärger, Anhaftung oder Ignoranz entstehen und welche Auswirkungen unsere Emotionen auf uns und andere haben. Gleichzeitig sollten wir betrachten, wie positive Geisteshaltungen entstehen und sich auf uns und andere auswirken. Das Wichtigste bei alledem ist, dass wir aus eigener Anschauung und den eigenen Erfahrungen lernen.

Alles Leiden entsteht durch Anhaftung an ein Selbst und die Konzentration auf das eigene Wohl; Glück und Wohlbefinden hingegen entstehen, wenn wir uns dem Wohl anderer zuwenden – das ist die Essenz der Lehren Buddhas. Doch wie kommt es, dass Anhaften an das *Ich* zu Leiden führt? Es beginnt, indem wir uns von anderen abgrenzen, uns mit einem *Ich* identifizieren und daran festhalten. Ausgehend von diesem *Ich* folgt als nächster Schritt, diese Identifizierung auch auf Menschen auszudehnen, die uns nahestehen: »*Diese sind meine Familie und meine Freunde; diese Menschen gehören zu mir*« – woraus zahllose weitere Anhaftungen entstehen. Parallel dazu entwickeln wir ablehnende Gefühle denen gegenüber, die uns scheinbar feindlich gesinnt sind. Und schließlich gibt es diejenigen, denen gegenüber wir indifferent oder gleichgültig empfinden. Alle diese Gefühlsstadien erzeugen aber in letzter Konsequenz Leid. Sämtliche Konflikte in und zwischen Familien, Gesellschaften und Nationen resultieren letztlich aus Anhaftung und Ablehnung.

Das Anhaften an unser Selbst und der Wunsch, es möge uns besser gehen als den anderen, führt also zu den vielschichtigen Problemen unserer unterschiedlichen Beziehungen wie auch zwischen den Völkern der Erde und ist Ursache all unserer Konflikte und Kriege. Viele Menschen denken: »*Hauptsache, mir geht es gut; wenn es anderen schlecht geht, ist das ihr Problem.*« Zuweilen wünschen wir gar, dass es anderen schlechter gehen möge als uns. Diese nur auf das eigene Wohl bedachte Einstellung finden wir auch stark im Bereich der Wirtschaft und der sogenannten Geschäftsbeziehungen. Dort gilt es als völlig selbstverständlich, primär auf den eigenen Profit zu achten. Unter solchen Bedingungen geschieht es häufig, dass unsere positiven Beziehungen zu Menschen, die auf Liebe, Mitgefühl und Verbundenheit gründen, aus Mangel an Zeit allmählich schwinden. Man glaubt zunehmend, keine Zeit mehr zu finden, diese Menschen zu sehen. So verschieben sich die Prioritäten, und man verbringt schließlich mehr Zeit mit Geschäftspartnern. Die Geschäftsbeziehungen gewinnen einen höheren Stellenwert als die Liebesbeziehungen, die Freunde und die Familie.

Beobachten wir unseren Geist genauer, erkennen wir schnell, dass Egoismus nur negative Emotionen wie Eifersucht oder Neid hervorruft und wir uns nicht wohlfühlen. Verbringen wir hingegen ausreichend Zeit mit Menschen, denen wir uns verbunden fühlen, die wir lieben und mit denen wir uns gut verstehen, entspannt sich unser Geist auf natürliche Weise. Wir fühlen uns gut, und das Anhaften an unser Selbst verringert sich ganz automatisch. Stellen wir uns unseren Geist als eine Waage vor: Je ausgeglichener unser Geist, desto mehr Glück und Wohlbefinden werden wir erfahren. Je unausgeglichener unser Geist, desto stärker bewegen sich die Waagschalen nach oben oder unten, und wir fühlen uns aufgewühlt, unwohl und leiden. Was wir deshalb brauchen, ist ein ausgeglichener Geist. Denn ist unser Geist stabil, können sich positive Eigenschaften wie Großzügigkeit, Geduld, Weisheit und Mitgefühl kontinuierlich entwickeln und ausdehnen.

Die Verwirklichung des Dharma

Die letztendliche Verwirklichung der Dharma-Praxis ist die Buddhaschaft – dies verbindet alle buddhistischen Traditionen. Aus der Sicht der Hinayana-Tradition allerdings – der grundlegenden buddhistischen Schule – meint Verwirklichung von Dharma einen Zustand, in dem das eigene Bewusstseinskontinuum frei von Leiden ist. In der Mahayana-Tradition – der buddhistischen Schule, in deren Zentrum Mitgefühl steht – beinhaltet Verwirklichung nicht nur das eigene Glück und Freisein von Leid, sondern den Wunsch, dass gleichermaßen alle Wesen diesen Zustand erlangen. Bodhisattvas (Erleuchtungswesen) streben nach Erleuchtung, weil ihr letztendliches Ziel das Wohlergehen aller ist und sie nur im Zustand der Erleuchtung zum größtmöglichen Nutzen aller Wesen beitragen können.

Dies ist wie beim Wunsch, einen bestimmten Beruf, zum Beispiel Schneider, ausüben zu wollen: Wissen wir nicht, wie man Kleider näht, sind wir nur von geringem Nutzen. Beherrschen wir dagegen unser Handwerk, können wir unserem Wunsch gemäß handeln und gleichzeitig unser Wissen weitergeben. In gleicher Weise müssen wir erst erleuchtet sein, um anderen den Weg zur Erleuchtung zeigen zu können.

Setzen wir uns mit dem buddhistischen Pfad nicht wirklich tiefgehend auseinander, könnten wir glauben, das einzige Ziel sei es, Erleuchtung zu erlangen. Doch wir sollten nie vergessen, dass das Hauptziel dieses Weges ist, anderen Wesen nützlich zu sein, indem wir die unermesslichen Aktivitäten, die mit der Erleuchtung einhergehen, für das Wohl aller einsetzen.

Die direkten Resultate der Dharma-Praxis

Diese Resultate zu kennen ist notwendig, um sicher einschätzen zu können, ob wir wirklich richtig praktizieren. So brauchen wir nicht den ständigen Rat unseres Lamas einzuholen oder uns auf übernatürliche Zeichen und bedeutungsschwangere Träume zu verlassen.

Wenn wir ernsthaft praktizieren, werden wir zwei wesentliche Resultate feststellen. Bezogen auf uns selbst das Geringerwerden der *acht weltlichen Anliegen:* die Hoffnung auf Gewinn und die Angst vor Verlust; die Hoffnung auf Ruhm und die Angst vor Bedeutungslosigkeit; die Hoffnung auf Lob und die Angst vor Tadel; die Hoffnung auf Glück und die Angst vor Leiden. Bezogen auf andere ist das Ergebnis die natürliche Erweckung echten Mitgefühls, das spontan und ohne Mühe entsteht.

Wenn wir diese zwei Veränderungen an uns bemerken, können wir sicher sein, dass wir auf dem richtigen Weg sind. Selbst wenn wir zuweilen schlechte Träume haben oder uns das Glück scheinbar verlässt, wissen wir doch, dass wir den Dharma richtig ausüben.

Stellen sich diese beiden Resultate hingegen nicht ein, oder tritt gar das Gegenteil auf, und wir kümmern uns vermehrt um uns selbst, oder unser Interesse an anderen nimmt ab, dann ist es ganz unerheblich, ob wir außergewöhnliche Träume haben oder uns etliche glückliche Umstände widerfahren: Echte Dharma-Praxis ist dennoch nicht gegeben. Deshalb ist es so wichtig, dass wir wissen und wirklich verstehen, was der Dharma ist, wie wir ihn zu praktizieren haben und welches die entsprechenden Resultate sind.

E

EIFERSUCHT

Was ist Eifersucht?

Was wir *Eifersucht* nennen, ist ein geistiger Zustand, der uns nicht ertragen lässt, dass andere etwas haben, das auch wir besitzen wollen: »*Warum hat jener ein besseres Auto, ein größeres Haus oder einen interessanteren und besser bezahlten Job als ich?*« So denken wir, wenn wir eifersüchtig sind. Würde Eifersucht die Kraft besitzen, uns das Gewünschte zukommen zu lassen, hätte sie womöglich einen gewissen Sinn. Dem ist aber nicht so, und meist liegen die Situationen völlig außerhalb unserer bewussten Kontrolle. Das Einzige, was Eifersucht uns wirklich bringt, ist Leiden. Sie hat keinerlei Auswirkung auf die Veränderung einer Situation.

Eifersucht ist eine Quelle für viele Probleme. Hierzu eine kurze Geschichte: Zwei ältere Damen gehen in einen buddhistischen Tempel. Die eine ist reich und kann viele Butterlampen spenden. Die andere ist ärmer und hat nur das

Geld für eine Butterlampe, doch sie freut sich, dass die andere Dame so viel geben kann. Die Ärmere beginnt nun, vor einer Buddhastatue mit anmutiger, ausdrucksvoller Stimme zu beten. Die Reichere kann nicht so gut beten, empfindet aber das Gebet der anderen als schön. Als beide gerade den Tempel verlassen, kommt der Reicheren ein Gedanke in den Sinn, und sie kehrt zurück in den Tempel. Vor der Buddhastatue angelangt, sagt sie: »*Hör nicht auf die schöne Stimme! Schau lieber darauf, wer von uns beiden dir mehr Butterlampen dargebracht hat!*«

Solange die beiden Damen im Tempel waren und sich für die jeweils andere gefreut haben, waren sie glücklich. In dem Moment jedoch, als die Reichere anfing, Eifersucht zu empfinden, verlor sie ihre innere Ruhe.

Umgang mit Eifersucht im Alltag

Dasjenige Wort, das wir am meisten benutzen, wenn wir eifersüchtig sind, ist das Wort *aber*. Sagt jemand zum Beispiel: »*Das ist ein netter Typ*«, antwortet der andere: »*Ja, aber …*«, und zählt dann dessen Fehler auf. Das anfängliche *ja* dient lediglich dazu, jeden Hinweis auf die eigene Eifersucht zu verbergen und von sich zu weisen. Doch dem *ja* folgt das *aber*, hinter dem wir dann auflisten, was wir alles an der Person auszusetzen haben.

Der aus Indien stammende buddhistische Gelehrte Shantideva (ca. 685 – 763 n. Chr.) spricht von vier negativen Konsequenzen, die eifersüchtige Rede hervorruft:

Indem wir aufgrund von Eifersucht negativ über andere sprechen, erschaffen wir Vorstellungen, die sowohl in uns selbst als auch in anderen Unbehagen und Leiden bewirken.

Wenn wir uns über die Fehler anderer äußern, gehört dies, spirituell gesehen, zum Bereich negativer Handlungen. Aus buddhistischer Sicht sprechen wir deshalb von einer untugendhaften Handlung. Aus weltlicher Sicht ist es zumindest unhöflich und damit ebenfalls negativ, sich eifersüchtig zu verhalten und schlecht über andere zu reden.

Gewöhnliche Menschen mögen uns vielleicht darin bestärken, negativ über andere zu sprechen; gebildete und weise Menschen dagegen sowie – im buddhistischen Zusammenhang – Erleuchtungswesen finden keinen Gefallen daran.

Beziehungen können durch negative Rede entzweit werden. Sind sich zwei Menschen nahe, und wir werfen in einem Gespräch, in dem der Abwesende gelobt wird, das Wort *aber* ein und konzentrieren uns nur noch auf dessen negative Seiten, können wir Misstrauen oder gar Ablehnung hervorrufen. Zwischen Menschen, die einander zugewandt sind, durch Eifersucht Distanz zu schaffen ist etwas außerordentlich Schädliches.

Sich unwohl zu fühlen und innerlich im Unfrieden zu sein, wenn wir schlecht über andere sprechen und Zwietracht säen, ist uns sicherlich vertraut. Wenn wir dadurch wenigstens etwas erreichen könnten, dann hätte das, was wir sagen, seinen Zweck erfüllt. Aber meist steigern wir uns nur immer weiter in unsere Eifersucht hinein, und unser Geist gerät in große Unruhe. Nicht selten verursachen unsere negativen Gedanken gar Schlafstörungen. Und damit schaden wir am allermeisten uns selbst.

Das Gegenmittel kann nun aber nicht sein zu denken: »*Oh, mit dieser Person, auf die ich eifersüchtig bin, möchte ich nichts mehr zu tun haben, die möchte ich nicht mehr sehen*«, und sich zu verstecken oder davonzulaufen. Dies ist keine Lösung. Denn wir wissen ja nie, wann wir das nächste Mal auf jemanden treffen, der ähnliche Eifersucht in uns hervorruft. Es gibt keinen Ort, an dem wir uns wirklich davor verstecken könnten, und wir können auch nicht jedes Mal weglaufen. Deshalb müssen wir einen Weg finden, konstruktiv mit Eifersucht umzugehen, und Gegenmittel finden, die wir sofort anwenden können, sobald Eifersucht in uns aufsteigt. Ein gutes Gegenmittel wirkt wie Wasser gegen Feuer; es muss die Eifersucht direkt bezwingen.

Mitfreude als Gegenmittel zu Eifersucht

Das wirkungsvollste Gegenmittel für Eifersucht ist, sich für andere zu freuen und deren Qualitäten hervorzuheben. Wenn wir das Wort *aber* umdrehen und auf positive Weise einbringen, üben wir uns in Mitfreude, eine Haltung, die wir mehr und mehr kultivieren und praktizieren sollten. Spricht also jemand negativ über eine andere Person, sollten wir ein *aber* einwenden und dann all ihre positiven Seiten aufzeigen.

Um unseren Geist so zu trainieren, brauchen wir keine festen Zeiten. Sich vorzunehmen, von dann bis dann Geistestraining zu machen und sich hauptsächlich in dieser Zeit anzustrengen, ist zwar hilfreich, aber nicht ausreichend: Wichtig ist, dass wir durchgehend, während des gesamten Tages unseren Geist genau beobachten. Damit trainieren wir ihn ganz von selbst. Wann immer sich Gelegenheit bietet, den Geist zu schulen und in eine positive Richtung zu lenken, sollten wir sie nutzen. Dabei sind wir unser alleiniger Zeuge. Nur wir wissen, ob wir eher negativ über andere denken und reden oder mehr die positiven Seiten sehen und ansprechen. Haben wir eine eher negative Haltung, so ist das unser eigener Fehler.

Wenn wir wohlklingende Mantras anhören, denken wir vielleicht: »*Oh, jetzt bin ich der Buddhaschaft schon ganz nahe.*« Wir sitzen verzückt in Meditation und lauschen dem bezaubernden Klang der Stimme. Dies mag uns ein gutes Gefühl geben, das weiterhelfen kann. Doch wir sollten gleichfalls darauf achten, ob dieses Gefühl auch direkt auf unsere Geistesgifte einwirkt. Dies ist noch viel wichtiger: Hilft dieses Gefühl wirklich als Mittel gegen Zorn, Anhaftung, Eifersucht und Selbstsucht?

Im Tibetischen wird das Gefühl der *Verzückung* mit *nyam* bezeichnet. Wenn wir nun aber glauben, dass das Erleben von

Verzückung etwas Außerordentliches sei, liegen wir falsch. Denn mit der Erfahrung von *nyam* muss zugleich eine Erkenntnis erwachen, die unseren Geistesgiften unmittelbar entgegenwirkt.

Da es hier um Freude an den Qualitäten und Leistungen anderer als wirksames und unmittelbares Gegenmittel für Eifersucht geht, möchte ich Sie bitten, es einfach einige Male auszuprobieren. Entsteht zum Beispiel Eifersucht, weil jemand auf einem bestimmten Gebiet erfolgreicher ist als wir, sollten wir versuchen, uns trotzdem von Herzen darüber zu freuen, dass die Bemühungen des anderen Früchte trugen, und denken: *»Schön, dass zumindest er es geschafft hat, auch wenn es bei mir nicht klappte.«* Das Gefühl der Eifersucht wird sich dann schnell wieder verlieren und unser Geist entspannen können. Ein ruhiger und entspannter Geist ist folglich das Resultat unserer Freude für andere.

Es geht nicht so sehr darum, eines Tages Buddhaschaft zu erlangen, sondern bereits hier und jetzt inneren Frieden zu erfahren. Wir denken oft, es sei schwierig, sich für andere zu freuen, aber eigentlich nur, weil wir es nicht wirklich versuchen. Lassen wir uns doch einfach auf einige Versuche ein, selbst wenn wir nicht gleich die große Glückseligkeit erlangen.

Wir werden dennoch erfahren, dass wir uns jedes Mal, wenn wir uns mit und für andere freuen, ein bisschen friedvoller fühlen und uns mit der Zeit kaum noch anzustrengen brauchen. Mitfreude wird zu einer ganz normalen Reaktion. Wir können das Wort *aber* zunehmend im konstruktiven

Sinne verwenden, sodass sich die vier vorgenannten negativen Konsequenzen ins Positive wandeln:

- **Wenn wir positiv über andere sprechen, empfinden wir inneren Frieden.**
- **Im weltlichen Sinne ist es höflich, sich positiv über andere zu äußern; buddhistisch betrachtet, ist es eine tugendhafte Handlung.**
- **Weise, gebildete Menschen werden uns auf weltlicher Ebene Respekt entgegenbringen; aus buddhistischer Sicht erfreuen sich die Buddhas an unserer Rede.**
- **Zählen wir die Qualitäten anderer auf, können wir das Ansehen, das diese genießen, noch steigern.**

Um dies zu üben, brauchen wir nicht viel zu meditieren, Niederwerfungen zu machen oder Rituale auszuführen. Vielmehr können wir diese Praxis als ganz *normale* Menschen in unserem Alltag, in normaler Kleidung, ohne großen Aufwand und zu jeder Zeit anwenden. Mit zunehmender Übung und Erfahrung lernen wir schließlich, direkt mit dem Gefühl der Eifersucht umzugehen, unser Verhalten anderen gegenüber wird entspannter, und wir finden inneren Frieden.

Alle negativen Geisteszustände verdunkeln unsere klare Sicht auf die jeweilige Situation, besonders die Geisteszustände Wut und Eifersucht. Sie verhindern, dass wir die eigentliche Situation direkt wahrnehmen, und veranlassen uns, irreführende, Leid verursachende Gedanken zu spinnen.

Ich habe eine Bekannte, die ihren Job als Nachrichtensprecherin aufgab, weil ihre Kollegin eine Beziehung mit dem Chef anfing, befördert wurde und ihn auch noch heiratete. Meine Bekannte wurde derart eifersüchtig, dass sie es nicht mehr ertrug, mit der anderen Frau zusammenzuarbeiten, und kündigte. Nach ein paar Jahren jedoch tat ihr diese Entscheidung unglaublich leid, weil ihr die Arbeit im Prinzip Freude machte, was auch durch die Beförderung ihrer Kollegin nicht beeinträchtigt wurde. Nach einiger Zeit wäre sie sicherlich ebenfalls befördert worden. Doch als sie so stark in ihrer Eifersucht verstrickt war, konnte sie nicht mehr wertschätzen, was sie selbst hatte: ein gutes Arbeitsklima und günstige Umstände. Ihre Eifersucht hatte alles überschattet.

Wir sollten uns also darin üben, uns über das Schöne, das andere haben, oder das Gute, das ihnen widerfährt, zu freuen: Wir sollten ihre Arbeit wertschätzen und uns bewusst sein, dass sie es, genauso wie wir, verdient haben, Positives zu erfahren. Es ist sinnlos und letztlich schädlich zu hoffen, dass, nur weil wir etwas nicht bekommen können, es auch kein anderer haben soll.

Eine weitere Übung ist, positiv mit einzustimmen, wenn das Objekt unserer Eifersucht gelobt wird. Anfangs mag vermutlich unsere Eifersucht durch die Würdigung des anderen noch angefacht werden, dennoch sollten wir über unseren

Schatten springen und einfach zustimmen. Nach und nach wird es uns gelingen, wahrhaft und aus tiefstem Herzen in das Lob mit einzustimmen. Alle Eifersucht wird wie von selbst schwinden.

Diese kleinen Übungen mögen simpel anmuten, doch wenn wir sie genauer betrachten und wirklich anwenden, erweisen sie sich gegenüber all unseren Methoden der Ablenkung als wesentlich wirksamer. Wenn also unser Geist fähig ist, unsere Gegenspieler aus Gewohnheit ganz und gar negativ zu betrachten, selbst wenn sie nur zu fünfzig Prozent mitverantwortlich sind, dann ist er mittels Training auch in der Lage, sie zu hundert Prozent positiv wahrzunehmen.

Unser Geist ist seiner Natur nach positiv und gut. Es sind lediglich vorübergehende Umstände, die dies verschleiern, so wie Wolken den Himmel verhüllen. Mit ein wenig Bemühen und Ausdauer können wir unsere negativen Geisteszustände positiv verändern.

F

FREIGEBIGKEIT

Was ist Freigebigkeit?

Freigebigkeit wird im Buddhismus als ein *Geisteszustand des Gebens frei von Geiz* bezeichnet. Wir alle kennen diesen Zustand, wenn wir großzügig geben, ohne etwas zurückhalten zu wollen.

Die meisten tauschen zu Weihnachten Geschenke aus. Bekommen wir etwas Schönes, sagen wir: »*Danke! Das ist ja ein tolles Geschenk! Du bist aber großzügig.*« Das heißt, normalerweise assoziieren wir Freigebigkeit mit materiellen Dingen. Doch aus spiritueller Sicht ist das Geben von Objekten nicht der wesentliche Aspekt. Das höchste Ziel ist es, jede Form von Geiz in unserem Geistesstrom zu überwinden, bis wir uns letztlich ganz davon befreit haben.

Im Buddhismus heißt es, der Buddha habe die Praxis der Freigebigkeit vollendet. Doch was bedeutet das? Es gibt immer noch viel zu viele Menschen, die in Armut leben, und zahllose, die leiden. Was also hat Buddha erreicht? Inwiefern hat er Freigebigkeit vervollkommnet? Denn es gibt keine Geschichten über seine Großzügigkeit aus jener Zeit, in der er noch Prinz Siddhartha war. Später als Bettelmönch lebte er ganz ohne jeden Besitz im Wald; und nach seiner Erleuchtung lehrte er die meiste Zeit. Wann also hat er Freigebigkeit praktiziert und vollendet? Antwort: Dadurch, dass er seinen Palast verließ und allen Besitz hergab, überwand er den Geiz; dadurch, dass er keinerlei Wunsch mehr verspürte zu besitzen, überwand er das Verlangen. Dadurch nun, dass diese zwei Aspekte, Geiz und Verlangen, in seinem Geistesstrom vollständig überwunden waren, hatte er Freigebigkeit verwirklicht. Wir brauchen also nicht unbedingt Reichtümer zu verteilen, um Freigebigkeit zu praktizieren.

Milarepa war ein berühmter Yogi und Meditationsmeister in Tibet im elften, zwölften Jahrhundert. Er meditierte bereits lange Zeit in einer abgelegenen Berghöhle, als eines Nachts eine Bande Räuber eindrang, um nach etwas Wertvollem zu suchen. Milarepa lachte herzhaft, als er dies sah, und sagte: »*Tagsüber habe ich schon nichts, das ihr stehlen könntet. Was also wollt ihr nachts finden? Ihr könnt suchen, so lange ihr wollt, ihr werdet nichts finden. Solltet ihr dennoch fündig werden, könnt ihr es gerne haben.*« Auch Milarepa hatte bereits Bedürfnislosigkeit und Freigebigkeit vollkommen verwirklicht, sodass es nichts mehr gab, das man ihm hätte nehmen können.

Feiert jemand zum Beispiel Geburtstag, geben die Gäste vermutlich aus ganz unterschiedlichen Motiven Geschenke.

Ein Motiv ist, etwas zu geben, an dem wir selber kein Interesse haben, das günstig ist und uns nicht wirklich nützt. Derlei können wir einfach weggeben. Erfüllt nun ein solches Geschenk unsere Definition von Freigebigkeit? Ja, tut es. Wenn uns indes beim Schenken Gedanken leiten wie: »*Ich hoffe, ich bekomme später Geschenke zurück*« oder »*Ich hoffe, mein Geschenk wird wertgeschätzt*«, hegen wir Erwartungen im Zusammenhang mit der Handlung des Schenkens. Das kann leicht zu Enttäuschung führen und ist deshalb kein *echter Geisteszustand des Gebens frei von Geiz*. Aus einer solchen Haltung erwächst letztlich Leiden. Deshalb sollten wir die Definition von Freigebigkeit erweitern und sagen: *ein Geisteszustand des Gebens frei von Geiz und Erwartungen.* Mit dieser Einstellung werden wir echtes Glück durch die Handlung unseres Gebens erfahren.

Hierzu eine Geschichte aus einem der früheren Leben Buddhas. Es wird erzählt, dass er einmal seinen Körper einer Tigerin opferte, die vier Junge hatte, aber nichts zu fressen. Während er seinen Körper der Tigerin darbrachte, waren in seinem Geist weder Eigeninteressen noch selbstsüchtige Hoffnungen oder Ängste in Bezug auf das Resultat seiner Handlung. Sein einziger Wunsch war, dass die Tigerin Nutzen aus seinem Fleisch ziehen möge und von ihrem Leid befreit werde. Das genügte ihm. Begleiteten ihn dabei auch egoistische Gedanken, hätte er nicht jene innere Stärke und jenen Frieden verspüren können, die es ihm ermöglichten, sein Leben zu schenken.

Gehen wir nun tiefer ins Detail: Unser *Geisteszustand des Gebens* sollte nicht nur *frei von Geiz und Erwartungen* sein, sondern außerdem motiviert von Liebe und Mitgefühl. Unseren Kindern geben wir in der Regel alles, was sie brauchen, ohne groß darüber nachzudenken – Bildung, Erfahrung, Geld und vieles mehr. Warum? Aufgrund unserer Liebe und unseres Mitgefühls für sie. Angesichts der Not zahlloser armer und bettelnder Menschen überall auf der Welt verspüren wir häufig tief in unserem Herzen den Wunsch zu helfen. So geben wir ihnen meist Geld, weil dies das Einzige ist, was in unseren Möglichkeiten liegt. Es ist Mitgefühl für deren schwierige Situation, das uns dabei leitet. Ist unser Motiv aufrichtig und können wir Menschen wirklich helfen, geht es uns gut, und wir fühlen uns glücklich. Dies zeigt, wie wichtig Liebe und Mitgefühl für wahre Freigebigkeit sind.

Wenn manche denken, sie bräuchten nichts Materielles herzugeben, da Freigebigkeit nur ein Geisteszustand sei, unterliegen sie ebenfalls einem Irrtum. Es kann wichtig und notwendig sein, auch materielle Dinge zu schenken, wenn sie anderen helfen und wir dadurch lernen, großzügiger zu werden – vor allem, wenn es uns schwerfällt.

Freigebigkeit im Alltag

Welche Art des Gebens wir auch praktizieren, sie sollte stets von Liebe und Mitgefühl geprägt sowie frei von Erwartungen und Geiz sein. Wenn wir Erwartungen an das Geben knüpfen, entstehen nur Frustration und Leid. Und dies ist aus buddhistischer Sicht keine authentische Praxis. Wir können drei Arten des Gebens unterscheiden: *(1) Geben materieller Dinge; (2) Geben von Leben* und *(3) Geben von Dharma.* Dharma meint in diesem Zusammenhang jedwede Art von Lehren, Empfehlungen oder Methoden, die unseren Geist in eine heilsame Richtung lenken. So definiert es der Buddhismus.

Geben von materiellen Dingen

Da dieses Geben einfach zu verstehen ist, möchte ich an dieser Stelle nicht tiefer darauf eingehen.

Geben von Leben

Geben von Leben ist gleichzusetzen mit *Beschützen von Leben.* In der Vergangenheit gab es viele Kriege, in denen zahllose Menschen ihr Leben ließen. Doch auch wenn gegenwärtig weit weniger Menschen durch Kriege getötet werden, haben wir doch eine Unzahl an Waffen, die Millionen von Menschen mit einem Schlag auslöschen könnten.

Gleichzeitig vernichten wir weiterhin Unmengen von Tieren. Wir töten sie aus Unachtsamkeit, aber vor allem opfern wir sie menschlichen Zwecken. Der Grund ist fehlende Wertschätzung für ihr Leben. Obwohl sich Tiere in ihrer äußeren Form von uns Menschen unterscheiden, gleichen sie uns doch in ihrem Wunsch, Wohlbefinden zu erfahren und Leiden zu vermeiden. Aus diesem Grund scheint es mir wichtig, dass wir auch an das Leben der Tiere denken, wenn wir *Geben von Leben* praktizieren.

Geben von Dharma

Diese Art von Geben meint das Weitergeben von Methoden, die den Geist in eine heilsame Richtung lenken. Es beinhaltet jede Art hilfreicher Erfahrungen oder nützlichen Wissens und bezieht sich nicht allein auf die Lehren Buddhas. Jede konstruktive Empfehlung, jede Hilfestellung im Leben wird benötigt – besonders mit Blick auf die modernen Bildungssysteme. Das, was wir und unsere Kinder heutzutage dort lernen, beinhaltet nur zu etwa ein bis drei Prozent, wie wir bessere Menschen werden können. Alle anderen Themen haben wenig bis nichts mit persönlicher Entwicklung und Reifung zu tun.

Ich habe viele Geschichten wie die folgende erlebt: Wenn von zwei Brüdern aus dem Dolpo, einer extrem abgeschiedenen Himalayaregion im nordwestlichen Teil Nepals, der eine im Dolpo bleibt und der andere für seine Ausbildung nach Kathmandu geht, werden sie sich als Erwachsene ganz unterschiedlich verhalten. Der im Dolpo Gebliebene wird später gut auf andere eingehen können und sich mehr um andere kümmern aufgrund einer natürlichen Empathie. Derjenige, der nach Kathmandu ging, wird berechnender sein in seinen Handlungen und mehr auf seinen eigenen Vorteil achten. Selbst wenn er nicht unbedingt offen mit anderen konkurriert, werden sich seine Gedanken stets auch darum drehen, was für ihn persönlich am besten ist und wie er seine Unabhängigkeit wahren kann. Die Belange anderer werden tendenziell eher sekundär. Solche Unterschiede zwischen

Stadt- und Dorfbewohnern kann man vermutlich überall auf der Welt finden.

Deshalb ist es wichtig zu erklären, auf welche Weise wir wirklich großzügig sein können, ohne andere zurechtzuweisen: »*Ich bin Buddhist, auf diese Weise zu handeln ist buddhistisch, deshalb solltest du es ebenso tun.*« Oder: »*Ich bin Christ. Das ist die christliche Art zu handeln, auch du solltest dich danach richten.*« Wir sollten vielmehr eine Verbindung mit unseren Alltagserfahrungen und alltäglichen Bedürfnissen herstellen. So werden wir fähig, mit allen zu kommunizieren.

Wie wir Freigebigkeit praktizieren können

Auch wenn die Einsicht für das *Geben materieller Dinge* vorhanden und die Notwendigkeit leicht verständlich ist, fällt es doch vielen schwer. Aus diesem Grund müssen wir uns auch darin üben.

Eine weitere Geschichte: Patrul Rinpoche war ein bedeutender tibetischer Gelehrter und Meditationsmeister im 19. Jahrhundert (1808-1887). Eines Tages bekam er ein wertvolles Stück Gold geschenkt. Er trug es tagsüber eng an seinem Körper, und abends steckte er es in sein Kopfkissen aus Angst, es könnte gestohlen werden. Normalerweise tat er nie dergleichen. Des Nachts wachte er nun mehrmals auf, um nachzusehen, ob das Gold noch da war. Auf diese Weise vergingen mehrere Nächte, bis Patrul Rinpoche schließlich bei sich dachte: »*Seitdem ich dieses Stück Gold habe, kann ich keine einzige Nacht mehr ruhig schlafen. Vordem war ich stets ent-*

spannt und sorgenfrei, wo auch immer ich ging. Das Gold belastet mich tagsüber, aber schlimmer noch, ich kann nachts nicht mehr schlafen.« Daraufhin gab er es einfach wieder weg.

Beginnen wir also, uns im Geben zu üben, können wir meist nicht gleich das hergeben, was für uns am wertvollsten ist. Wir sollten aber zumindest den Wunsch entwickeln, dies eines Tages tun zu können. Deshalb besteht die erste Übung darin, den Akt des Gebens zu visualisieren. Wir nehmen hierfür einen besonderen Gegenstand in die eine Hand und geben ihn in die andere, währenddessen wir uns vorstellen, ihn jemand anderem zu geben. Als Erstes sollten wir dabei an einen Freund denken, anschließend an eine Person, die wir nicht kennen, und dann an jemanden, den wir nicht mögen. Je öfter wir dies üben, desto schwächer wird unser Festhalten ganz von selbst werden. Freigebig zu sein bedeutet gleichwohl nicht, alles herzugeben, was wir besitzen. Wir sollten immer nur das geben, was uns möglich ist und anderen wirklich nützt – aufgrund eines klaren Verständnisses der jeweiligen Situation.

Manchmal, wenn ich etwas Schönes sehe und gerne haben möchte, widme ich es zunächst anderen, indem ich denke: *»Mögen alle Wesen in der Lage sein, dieses Schöne zu genießen. Mögen alle Wesen Glück erlangen.«* Wenn ich das einige Male geistig wiederhole, fühle ich mich nach kurzer Zeit schon weit weniger angezogen von dem Gegenstand und muss ihn nicht mehr unbedingt besitzen. Ich kann mich wieder entspannen. Wollen wir uns ein bestimmtes Auto kaufen, haben aber nicht genügend Geld, werden wir vermutlich immer frustriert sein, wenn wir so ein Auto sehen. Was können wir also tun? Wir können versuchen loszulassen und denken: »*Möge jemand anderer Freude an diesem Auto haben. Mögen meine Freunde so ein Auto besitzen. Mögen alle, die ein Auto brauchen, ein solches Auto erhalten.*« Geben wir anderen imaginativ dieses Auto, wird sich unser Geist schnell beruhigen. Auch wenn es seltsam erscheint, Visualisierungen dieser Art können unseren Geist tatsächlich schützen.

Da wir beim *Geben von Leben* meist menschliches Leben und dessen Schutz vor Augen haben und seltener das Bewahren tierischen Lebens, scheint es mir wichtig, auch ihrem Leben mehr Wert beizumessen. Es gibt derzeit nicht wenige Wissenschaftler und Politiker, die zwar über Tierschutz reden, doch mehr aus wissenschaftlichen und wirtschaftlichen Motiven als aus Mitgefühl. Tiger zum Beispiel werden vor allem geschützt, um sie vor dem Aussterben zu bewahren, aber vermutlich kaum, weil auch sie Leid empfinden, wenn sie getötet oder verletzt werden.

Gut wäre es also, unser Verständnis zu weiten und zu erkennen, dass sich *alle* Wesen Glück und Wohlbefinden wünschen und Leiden umgehen wollen. Als ich heute spazieren ging, sah ich einige Ziegen, die sich untereinander wie eine Familie verhielten. Wir Menschen aber übersehen dies gerne, weil uns oft genug die Achtung vor tierischem Leben fehlt. Stattdessen verkaufen oder schlachten wir sie ganz nach Belieben. Wenn wir aber versuchen, Tiere in ihrem Grundbedürfnis mit uns oder zumindest unserem Lieblingstier gleichzusetzen, wird es uns viel schwerer fallen oder gar unmöglich werden, sie zu verletzen oder zu quälen. Von dem Moment an, wo wir anderen, also auch Tieren, nicht mehr schaden wollen und beginnen, ihre Güte uns gegenüber wertzuschätzen, gewinnt unser Leben an Bedeutung.

Das *Geben von Dharma* schließlich bedeutet, jede Art von Erfahrung, Wissen und guten Empfehlungen weiterzugeben, um anderen zu helfen, ebenfalls einen positiven, friedvollen und stabilen Geist zu erlangen – ohne Hoffnung, als besonders gelehrt gerühmt zu werden. Andererseits sollte keine Erfahrung, die anderen schadet, weitergegeben werden. Wenn wir zum Beispiel wüssten, wie man Waffen herstellt, sollten wir dies keinesfalls mit anderen teilen. Unsere Motivation sollte einzig darauf gerichtet sein, andere Menschen zu unterstützen und es ihnen zu ermöglichen, eine achtsame, friedfertige und großzügige Haltung zu entwickeln.

G

GLÜCK

Was ist Glück?

Glück ist ein mentaler Zustand des Wohlbefindens und der Ausgeglichenheit. In diesem Zustand empfinden wir weder Bedauern über Geschehnisse in der Vergangenheit, noch machen wir uns Sorgen über die Zukunft. Wir erleben auch im gegenwärtigen Moment keine störenden negativen Emotionen wie Angst oder Wut. Unser Geist verweilt schlicht in seinem natürlichen Zustand und ist entspannt.

Der geistige Zustand von Kindern ist im Grunde ganz einfach: Wenn sie etwas Schlechtes getan haben, haben sie Angst vor ihren Eltern und leiden unter Gewissensbissen. Sie sind dabei unglücklich und werden sich nicht eher entspannen, bis ihnen die Eltern vergeben. In gleicher Weise sind wir als Erwachsene unglücklich und bereuen es, wenn wir Fehler begangen haben. Dies ist eine der Ursachen für Unglücklichsein. Wir sollten uns also von der *Vergangenheit* lösen und vornehmen, in Zukunft nichts zu tun, was wir später vielleicht bereuen könnten.

Ebenso ist es unmöglich, sich wohlzufühlen, wenn wir uns sorgen oder unsicher sind in Bezug auf die *Zukunft*. Diese Sorgen resultieren meist aus unserem Versuch, etwas zustande zu bringen, das unser Wissen wie unsere Fähigkeiten übersteigt. Planen wir dagegen unsere Handlungen auf der Basis der gegebenen Umstände und Möglichkeiten, gibt es keinen Grund zur Sorge. Wenn ich beispielsweise an unserer Klosteruniversität unterrichten muss und mich gut vorbereite, also den Text genau kenne, lehre ich mit Enthusiasmus und Selbstbewusstsein. Doch wenn ich mich nicht gut vorbereitet habe, bin ich angespannt und unsicher, ob der Unterricht gut laufen wird und ich den Stoff auch richtig vermitteln kann.

In Bezug auf die *Gegenwart* kann es sein, dass unser Geist zwar im Hier und Jetzt bleibt, aber alles, was er wahrnimmt, beurteilt: »*Das ist gut, und dieses ist schlecht; das mag ich, das mag ich nicht; dieser ist mein Freund und jener mein Feind.*« Diese Bewertungen wecken dann alle möglichen negativen Emotionen in uns und belasten unser Leben.

Unser Geist ist also am entspanntesten, wenn er weder Reue empfindet bezüglich der Vergangenheit noch unrealistische Erwartungen hegt in Bezug auf die Zukunft und sich auch in der Gegenwart nicht in negativen Emotionen verliert. Vermeiden wir all diese Situationen und Gefühlslagen, erfahren wir Glück.

Glück im Alltag

Häufig denken wir allerdings, dass wir nie einen solchen Zustand des Glücks erreichen können – vor allem nicht in einer modernen Gesellschaft. Was bedeutet das? Dass wir nie glücklich sein werden? Oder dass wir unser jetziges Leben aufgeben müssen? Ich behaupte, dass es durchaus möglich ist, glücklich zu sein in genau der Gesellschaft, in der wir gerade leben. Und darauf möchte ich hier den Schwerpunkt legen.

Umgang mit Schwierigkeiten

Es gibt zwei Arten, mit Schwierigkeiten umzugehen: (1) Wir können uns von ihnen ablenken oder (2) ihnen direkt begegnen, sie hinterfragen und untersuchen. Mit der zweiten Art lernen wir, Schwierigkeiten zu handhaben, um sie schließlich zu überwinden. Ablenken dagegen bedeutet, dass wir bei Stress und Problemen ins Kino oder spazieren gehen, mit Freunden reden, meditieren oder Ähnliches. In diesen Momenten verschwinden zwar kurzfristig unsere Probleme, weil wir sie überdecken, ihre Ursachen aber werden nicht beseitigt und können jederzeit wieder auftauchen. Es gibt auch Entspannungsmethoden wie Musiktherapie oder Yoga, deren Einfluss wir relativ schnell spüren. Wenn wir uns zum Beispiel während der Meditation entspannen, ruht sich unser Geist nach all seinen hektischen Aktivitäten erst einmal aus. Doch nach dieser Ruhe wird der Geist erneut – in alter Gewohnheit – seine Geschäftigkeit aufnehmen und alle möglichen Arten von Problemen erzeugen. Meditation an sich ist deshalb kein wirksames Gegenmittel, wenn wir uns in schwierigen Situationen befinden, da wir durch sie die Ursachen und Umstände, die unseren Problemen zugrunde liegen, nicht direkt angehen.

Methoden zum Glücklichwerden

Was wir also brauchen, sind Methoden, die es uns ermöglichen, mit Schwierigkeiten genau dann umzugehen, wenn sie auftauchen, ohne ihnen auszuweichen, sie zu verdrängen oder zu leugnen. Wir benötigen Methoden, die sofort und in jedem Moment anwendbar sind.

Diese Methoden sind:

- **Der Wunsch, anderen nützlich zu sein, als Grundlage von Glück**
- **Sich in positiver Sicht üben als Gegenmittel zu Negativität**
- **Sich in Mitfreude üben als Gegenmittel zu Eifersucht (Dieser Punkt wird in Kapitel *E – Eifersucht* näher behandelt.)**
- **Sich in Geduld üben als Gegenmittel zu Wut**

Der Wunsch, anderen nützlich zu sein, als Grundlage von Glück

Einige Menschen denken, anderen zu helfen bedeute, sich selbst zu vernachlässigen und zugunsten anderer etwas aufgeben zu müssen. Doch das ist falsch gedacht. Wenn wir anderen gegenüber warmherzig und hilfsbereit sind, entstehen gesunde zwischenmenschliche Verbindungen, die auch uns helfen. Viele von uns haben einen Partner. Wann nun ist die Partnerschaft am glücklichsten? Wenn wir das Wohlergehen des anderen im Blick haben? Oder wenn wir nur an unsere eigenen Bedürfnisse denken? Wollen wir nur unsere eigenen Erwartungen erfüllt sehen, ist jede Art von Beziehung schwierig. Erwarten wir also, dass unsere Eltern nur auf eine bestimmte Art mit uns reden oder unser Partner nur die Kleidung trägt, die uns gefällt, dann basieren diese Beziehungen auf Voraussetzungen, die eine gegenseitig zugewandte Verbindung verhindern.

Wir sind aber immer dann am glücklichsten, wenn wir andere mit einbeziehen und uns füreinander interessieren. Deshalb ist es wichtig, verstehen zu lernen, wie andere denken und fühlen. Wir wissen aber auch, dass dies nicht immer einfach ist. Verständnis muss erst entwickelt werden; Wut, Eifersucht und der Wunsch, anderen zu schaden, dagegen scheinen sehr viel einfacher zu entstehen. Deshalb hilft es, sich immer wieder in Erinnerung zu rufen, dass alle Wesen nach Wohlbefinden streben und nicht leiden wollen. Und entsprechend dem, wie wichtig und ernst wir diese elementare Grundbefindlichkeit nehmen, entwickeln wir den Wunsch, das Wohl anderer zu fördern. Verstehen wir, dass andere uns gleich sind, werden wir sie mit Sicherheit besser behandeln, mehr Respekt vor ihnen haben und insgesamt altruistischer und ehrlicher sein. Glück gründet auf Respekt für andere, auf der Fähigkeit, Verbindungen einzugehen und andere letztlich wichtiger als uns selbst zu nehmen. Dies ist nicht nur eine buddhistische Sichtweise, es ist die Natur der Dinge. So sollten wir uns fragen: Betrachten wir andere wirklich als gleichwertig? Und wenn ja, können wir ihnen dann noch Schaden zufügen oder sie betrügen?

Eine weitere Frage, die sich hier stellen mag: Warum sollen wir uns eigentlich um andere kümmern? Jeder trägt doch selbst die Verantwortung für sein Leben: »*Mein Leben ist meins, und das der anderen ist ihres und geht mich nichts an*«. Hier lautet die Antwort: Weil wir abhängig sind von anderen. Ob wir es wahrhaben wollen oder nicht, wir alle leben in vielfältigen Verbindungen. Verstehen wir diese Zusammengehörigkeit, entdecken wir auch das Fundament, aufgrund dessen wir anderen wohlgesinnt sein sollten.

Ein glückliches Zuhause hängt nur in sehr geringem Maß von dem Gebäude ab, in dem wir wohnen. Viel wichtiger ist, wie wir mit unseren Familienangehörigen zurechtkommen. In der Arbeit benötigen wir für unsere Tätigkeiten meist Maschinen und Computer, doch wichtiger für unser Wohlbefinden dort sind die Beziehungen zu unseren Kollegen. Werden wir schlecht behandelt, geht es uns schlecht.

Werden wir gut behandelt, geht es uns gut. Wenn wir andere in unser Tun mit einbeziehen, wird unsere Art, zu sprechen und uns zu verhalten, dies auch nach außen reflektieren, und sie werden ähnlich mit uns umgehen. Hegen wir hingegen die Absicht, anderen zu schaden, wird sich auch dies in unserer Art, zu sprechen und uns zu verhalten, niederschlagen, und wir werden die entsprechenden Reaktionen hervorrufen. Wenn wir unsere Familienmitglieder und Kollegen nicht respektieren und keine Rücksicht auf sie nehmen, ist es unmöglich, ein gutes Arbeitsklima zu schaffen oder ein glückliches Familienleben. Da spielt es keine Rolle, wie viele Filme wir uns ansehen, wie viel wir meditieren oder wie oft wir uns massieren lassen. Es wird sehr schwierig sein, auf diese Weise glücklich zu werden.

Sich in positiver Sicht üben als Gegenmittel zu Negativität

Wenn wir einen Ausflug nach Rom machen und dort ständig denken: »*Oh, das ist alles so schwierig hier. Die machen nichts so wie wir in Deutschland; das Essen ist auch seltsam, und die Gebäude erst, die sehen wirklich komisch aus*«, dann nehmen wir alles mit einer negativen Brille wahr. Unser gesamter Aufenthalt wird unangenehm und nichts gut genug für uns sein. Denken wir indes positiv und erkennen, dass wir in einem anderen Land sind mit anderen Gepflogenheiten, anderem Essen und einem anderen Baustil, wird unsere Anspannung sofort vergehen. Ein einziger positiver Gedanke ist viel hilfreicher als eine Stunde Meditation, ein Spaziergang oder jede andere Art von Ablenkung. Wenden wir unser Denken ins Positive, kann uns nichts von dem, was wir wahrnehmen, die innere Ruhe nehmen.

Es gibt einen netten Witz von zwei Männern, die auf eine Party gehen. Sie haben sich in Schale geworfen und ihre besten Anzüge angelegt. Dann ziehen sie los, und während sie so in Vorfreude auf das Fest gehen, lässt ein Vogel einen Kleks auf sie fallen. Der eine Mann wird fürchterlich wütend, schimpft lauthals und stapft wild aufgebracht wieder heim, weil er glaubt, seine ganze Aufmachung sei nun ruiniert und alle auf der Party würden ihn auslachen. Der andere Mann putzt sich nur ab, denkt: »*Bin ich froh, dass Kühe nicht fliegen können!*«, und geht frohgemut auf das Fest, um sich trotzdem prächtig zu amüsieren.

Die Situation beider Männer ist die gleiche, doch der eine geht entspannt damit um, sieht das Positive und kann die Party genießen; der andere dagegen nimmt die Situation zu ernst und sich selber die Chance auf einen schönen Abend. Es ist also dieser kleine Unterschied im Denken, der doch so viel ausmacht.

Wenn wir unser Leben und die Situationen, in denen wir uns wiederfinden, als in Ordnung, gut und zufriedenstellend empfinden können, ist unser Leben angenehm. Konzentrieren wir uns aber darauf, was alles nicht klappt und was fehlerhaft ist, wird sich auch unser Leben unangenehm anfühlen. Ein kleines Experiment: Nehmen Sie sich das Objekt aus

Ihrer Wohnung vor, das Sie am wenigsten mögen, und versuchen Sie zu sehen, was daran gut ist. Nach einiger Zeit werden Sie merken, dass Sie es mehr wertschätzen können als zuvor. Wenn wir uns auf diese Weise üben, werden wir alles zunehmend in einem positiveren Licht sehen.

Sich in Geduld üben als Gegenmittel zu Wut

Buddha sagt, Wut ist ein Geisteszustand der Aufgeregtheit, und sein Gegenmittel ist Geduld. Geduld trainieren wir, indem wir uns immer und immer wieder die zerstörerischen Qualitäten der Wut in Erinnerung rufen. In dem Moment, in dem wir spüren, dass Wut in uns aufsteigt, sollten wir Gedanken wie den folgenden parat haben: »*Ich muss jetzt vorsichtig sein, sonst übermannt mich die Wut, und das wird sicher kein gutes Ende nehmen.*«

Manchmal gibt es berechtigte Gründe, wütend zu sein, manchmal nicht. Doch an sich ist es egal, ob wir im Recht sind oder nicht, Wut wird uns und anderen in jedem Fall schaden. Das Fundament von Geduld ist der Wunsch, anderen wohlzutun. Vergegenwärtigen wir uns, dass die andere Person genau wie wir das Recht hat, glücklich zu sein, werden wir gleich geduldiger. Ist es uns aber egal, wie es dem anderen ergeht, werden wir auch keine Geduld mit ihm haben. Arbeiten zehn Menschen zusammen, werden alle diese Personen auf ganz unterschiedliche Art denken. Auch innerhalb einer Familie hat jeder seine eigenen Ansichten und Vorstellungen. Wir müssen uns dieser Unterschiede gewahr werden und verstehen lernen, dass nicht alles nach unseren Bedürfnissen und Wünschen geschehen kann. Diese Einsicht nennen wir Geduld.

Es gibt ein Sprichwort, das besagt »*Geduld ist wie der Ozean*«. Im Ozean gibt es alle möglichen Dinge: Sauberes, Schmutziges, Fische, Juwelen, Wellen und so fort. Der Ozean hat Platz für alles. In gleicher Weise sollten wir für alles, was uns widerfährt, Raum haben. Dies ist einer der Hauptaspekte für ein glückliches Leben. Üben wir uns in dieser Haltung, entwickeln wir gesundes Selbstvertrauen. Wir alle kennen, wie es sich anfühlt, wenn wir die Geduld verlieren. In diesen Momenten können unsere eigentlichen Qualitäten nicht mehr zum Vorschein kommen. Und was auch immer wir gelernt und an Wissen erlangt haben, wir können es nicht zeigen, wenn wir angespannt sind.

Beobachten wir Menschen, die sehr erfolgreich sind, so zeigt sich, dass sie meist mit jeder Art von Schwierigkeiten gut umgehen können und generell Probleme nicht allzu ernst nehmen. Und auch wenn diesen Menschen Gutes widerfährt, werden sie nicht übermütig. Was auch immer geschieht, sie bleiben ruhig und können ihre Fähigkeiten der Situation gemäß einsetzen.

Einige der Methoden, die ich hier ansprach, mögen simpel erscheinen, doch sie entsprechen dem, was im Buddhismus *Geistestraining* genannt wird. Üben wir uns darin in der richtigen Weise, wird es uns gelingen, jederzeit und überall Glück zu erfahren.

H

HELFEN

Was ist Helfen?

Helfen ist eine Handlung, die darauf gerichtet ist, eine Situation positiv zu verändern. Doch um gezielt und angemessen helfen zu können, muss die entsprechende Situation erst wahrheitsgemäß erfasst werden; sodann braucht derjenige, der helfen möchte, als grundlegende Motivation eine uneigennützige Haltung.

Buddha lehrte, die besten *Übungsobjekte* für Helfen sind unsere Eltern und Lehrer, aber auch Kranke und alte Menschen. Eltern und Lehrern können wir durch unsere Hilfe jene Güte zurückerstatten, die sie uns bereits gewährt haben. Kranken und Alten dagegen sollten wir aufgrund ihrer Gebrechen und Bedürftigkeit bedingungslos helfen.

Ich möchte hier vor allem zwei Aspekte betrachten: (1) wie wir anderen helfen sollten; (2) wie wir selbst um Hilfe bitten und diese annehmen können.

Hilfe im Alltag

Auch wenn viele Menschen glauben, vollkommen unabhängig von anderen zu sein, bleibt es doch eine Tatsache, dass jeder von uns – beginnend mit der Geburt bis zum Ende des Lebens – auf Unterstützung anderer angewiesen ist. In der Zeit als Baby können wir nur durch die Fürsorge anderer überleben; aber auch später als Erwachsene sind wir tagtäglich von der Hilfe anderer abhängig, sei es unsere Familie, Ärzte, Lehrer, unser Chef, die Kollegen, Verkäufer im Supermarkt und so fort. Keiner von uns ist in der Lage, seine Lebensmittel, seine Unterkunft, Kleider, Transportmittel und alles andere völlig alleine zu beschaffen oder herzustellen. Je genauer wir darüber reflektieren, desto stärker wird uns bewusst, dass wir mit unzähligen Menschen, Tieren, der gesamten Natur untrennbar verbunden und vernetzt sind. Umgekehrt sind gleichermaßen zahllose Menschen und Wesen auch auf uns angewiesen; auch wir helfen jeden Tag Menschen durch unsere Arbeit, unser Engagement, unsere Freundlichkeit oder unsere Anteilnahme.

Im Buddhismus sprechen wir von *abhängigem Entstehen* beziehungsweise vom *Entstehen in gegenseitiger Abhängigkeit*. Dies wird in Kapitel *N – Natur* noch näher besprochen. Alle Phänomene treten durch mannigfaltige Ursachen und Umstände in Erscheinung: wir selbst, unsere Umwelt, die Dinge, die wir benutzen.

Wenn wir allein darüber nachdenken, wie viele Menschen mitwirken, damit wir eine einzige Tasse Tee trinken können – die Teeanbauer, die Arbeiter, die den Tee verarbeiten, die Angestellten der Fluggesellschaft, die ihn in unser Land fliegen, die Mitarbeiter des Ladens, in dem wir den Tee kaufen –, so zeigt dies bereits unsere schier unüberschaubare Verflechtung mit unzähligen Menschen, ohne die wir praktisch hilflos wären. Deshalb ist Hilfe und Helfen ein so zentrales Thema in unserem Leben, und es ist wichtig, Klarheit zu gewinnen, auf welche Weise wir anderen am besten helfen wie umgekehrt, auf welche Art und Weise wir die Hilfe anderer am besten annehmen können.

Anderen helfen

Verstehen der Situation

Wird unsere Hilfe gebraucht, ist es notwendig, als Erstes die Situation, in der wir helfen wollen, so wahrheitsgemäß wie möglich zu verstehen, ohne sie zu schönen oder zu dramatisieren. Gleichzeitig ist es wichtig, uns in die Position des anderen zu versetzen, um den Blickwinkel desjenigen wahrnehmen zu können, dem geholfen werden soll. Denn meistens gehen wir nur von unserer eigenen Einschätzung und Perspektive aus.

In meiner Heimat Dolpo werden viele gemeinnützige Projekte von ausländischen Vereinen unterstützt. Sie bauen Schulen, bilden Krankenschwestern und Lehrer aus, renovieren Klöster und richten Gesundheitsstationen ein. Das alles sind wundervolle Initiativen, die der Region wirklich weiterhelfen. Manchmal jedoch gibt es Situationen, in denen die

Unterstützer ausschließlich aus ihrer eigenen Sichtweise heraus agieren und nicht verstehen, dass nicht alle ihre Anforderungen erfüllt werden können. Zum Beispiel können Arbeiten nur von Mitte September bis etwa Ende Oktober verrichtet werden, weil erst dann die Feldarbeit beendet ist und der Winter noch nicht eingesetzt hat. Dadurch mag der Eindruck entstehen, Projekte lägen monatelang brach, und niemand würde sich dafür interessieren. Doch die Menschen im Dolpo müssen sich als Erstes um ihre Felder und Tiere kümmern, andernfalls haben sie nichts zu essen und können sich nicht selbst versorgen. Wenn es nun aber im Herbst übermäßig regnet oder wenn erst Arbeitsmaterial aus Kathmandu herangeschafft werden muss, verzögern sich die Arbeiten zuweilen um ein ganzes Jahr. Versteht ein Sponsor diese besonderen Umstände nicht, kann das zu großen Missverständnissen und Problemen führen.

Deshalb ist es am besten, gleich von Anfang an genau zu untersuchen: Welche Situation liegt vor, wonach fragt der andere wirklich, und liegt es tatsächlich innerhalb unserer Möglichkeiten, effektiv zu helfen. Nur dann sollten wir mit bestem Wissen und Gewissen die entsprechenden Aufgaben übernehmen.

Mitgefühl als Motor

Unsere Motivation sollte immer und bei jeder Art von Hilfe von Mitgefühl geprägt sein. Sehen wir, dass jemand unsere Unterstützung braucht, sollten wir überlegen, wie es uns erginge, wären wir an seiner Stelle. Auch wenn wir heute gesund, wohlhabend und glücklich sind, kann es jederzeit passieren, dass sich unser gesamtes Leben von einem Moment auf den anderen ändert. Das nennen wir Vergänglichkeit, und verbunden damit ist das, was Leid durch Veränderung genannt wird. Mehr dazu findet sich in Kapitel *Q – Quelle des Leidens*.

Da alles einer permanenten Wandlung unterworfen ist, ist nie ausgeschlossen, dass nicht auch wir eines Tages in einer vergleichbaren Situation stecken wie derjenige, der gerade um Hilfe ersucht. Das sollte uns stets bewusst sein. Gut wäre es deshalb, sämtliche egozentrischen Motive wie finanzieller Vorteil, Lob oder Anerkennung – und seien sie noch so subtil –, nach Möglichkeit zu erkennen und dann fallen zu lassen.

Ich besuchte einmal eine Familie, in der ein Familienmitglied, eine Frau mittleren Alters mit psychischen Problemen, unglaublich gerne in einen buddhistischen Tempel gehen wollte. Als sie mich, einen buddhistischen Mönch, sah, weinte sie fast. Eine ihrer Schwestern, eine Christin, bot ihr an, sie mit in die Kirche zu nehmen. Doch die Frau wiederholte nur immer wieder, sie wolle in einen buddhistischen Tempel und dort beten. Keiner in der Familie beachtete ihren Wunsch, niemand wollte sich Zeit für sie nehmen, und man konnte sehen, wie die Bitten dieser Frau allen auf die Nerven gingen. Aus diesem Grund bat ich die gesunden Familienmitglieder, sich einmal in die Situation dieser Frau zu versetzen: Sie sitzt den ganzen Tag zu Hause, weiß, es geht ihr nicht gut mit wenig Aussicht auf grundlegende Besserung. Alle um sie herum können sich frei bewegen, verfügen über Geld und haben einen Partner. Doch ihr ist es noch nicht einmal möglich, alleine das Haus zu verlassen, da sie sich so schnell verirrt. Eine feste Arbeit und damit eigenes Einkommen sind undenkbar; dasselbe gilt für einen Lebenspartner oder Kinder. Wie fühlt man sich da? Und wie geht es einem, wenn ein großer Herzenswunsch einfach ignoriert wird? Nach diesen Überlegungen war es ihrer Familie leichter möglich, sich in sie einzufühlen, und sie versprachen, einen Tempel in der Nähe zu suchen. Ich habe ihnen außerdem empfohlen, einmal einen Tag lang das zu tun, was die Frau gerne möchte. So könne sie ihr Selbstvertrauen wiederfinden und das Gefühl bekommen, ihre Wünsche seien etwas wert. Wenn jemand krank, alt oder anderswie eingeschränkt ist, hat er genau wie alle anderen den Wunsch, Wohlbefinden zu erfahren und Leiden zu vermeiden. Können wir ihm dabei helfen, sollten wir dies tun und gleichzeitig respektvoll mit ihm umgehen.

Erwartungen aufgeben bezogen auf Dank, Anerkennung oder Belohnung

Unser Motiv sollte also nicht darauf zielen, einen Vorteil aus der Situation zu ziehen. Was immer wir unternehmen, sollte auf das Wohl der anderen gerichtet sein und darauf, etwas zu tun, das ihre Lage wirklich verbessert – ganz unabhängig, ob unsere Hilfe anerkannt wird oder nicht, ob wir später dafür gepriesen werden oder nicht oder ob wir etwas zurückbekommen werden. Hegen wir bestimmte Erwartungen, kann dies leicht zu Enttäuschungen führen, falls diese nicht erfüllt werden. Vielleicht bereuen wir, überhaupt geholfen zu haben, selbst wenn unsere Hilfe an sich erfolgreich war oder Anerkennung erfuhr. Unerfüllte Erwartungen könnten uns bei künftigen Gelegenheiten sogar davon abhalten, erneut etwas für andere zu tun – was aus meiner Sicht außerordentlich schade wäre.

Die richtige Haltung ist deshalb, zu jedem Zeitpunkt unser Bestmögliches zu geben, um eine Situation zu verbessern, ganz egal, wie andere reagieren. Haben wir das getan, sollten wir den Fall für uns abschließen und nicht mehr daran hängen. Wir kennen bestimmt alle folgendes Phänomen: Wir setzen uns für jemanden oder etwas ein, wenden Zeit, Geld und was sonst noch auf, und am Ende sagt keiner Danke, oder es beschwert sich gar noch jemand. Nehmen wir dies zu persönlich, werden wir traurig oder verärgert. Besser ist, die Reaktion bei den anderen zu lassen und für uns selbst anzuerkennen, was wir gegeben haben.

Erwartungen aufgeben im Hinblick auf das Ergebnis

Bieten wir unsere Hilfe an, haben wir meist ein bestimmtes Ergebnis im Blick, das wir zu erreichen hoffen. Möchten wir zum Beispiel eine Schule bauen, ist unser Ziel, den Kindern der entsprechenden Region eine Ausbildung zu ermöglichen. Haben wir zu Beginn mit den Betroffenen genau besprochen, was wirklich gebraucht wird und wie man das Projekt am besten durchführt, dann ist unsere Motivation auf das Wohl anderer ausgerichtet, und wir können mit der Arbeit beginnen. Es bedarf jedoch zusätzlich einer Fülle von Ursachen und günstigen Umständen, damit ein Projekt letztendlich fertiggestellt werden kann. Dazu gehören unter anderem entsprechende finanzielle Mittel, behördliche Genehmigungen, gute Architekten und Bauunternehmer sowie engagierte Menschen, die das Projekt bewerben. Auf einige Dinge können wir Einfluss nehmen, auf andere nicht. Wir sollten unser Möglichstes tun, aber immer daran denken, dass es nie zu hundert Prozent in unserer Hand liegt, wie sich ein Projekt entwickelt. Dann gelingt es auch, mit etwaigen Rückschlägen oder Misserfolgen besser umzugehen.

Was immer ich vorhabe, ich richte zuvor meine Motivation auf das Wohl aller Wesen aus und fange erst dann an zu arbeiten. Während meiner Tätigkeit versuche ich, mich auf das zu konzentrieren, was direkt vor mir liegt und im jeweiligen Moment zu erledigen ist, ohne das erhoffte Resultat in den Vordergrund zu stellen. Am Ende blicke ich zurück und reflektiere über den Verlauf meiner Arbeit. Sollten sich etwa siebzig Prozent der Erwartungen erfüllt haben, freue ich mich über das Ergebnis. Bezogen auf die fehlgeschlagenen dreißig Prozent überlege ich mir: Habe ich wirklich mein Bestes getan? War meine Motivation gut und richtig ausgerichtet? Kann ich beides aufrichtig bejahen, bin ich beruhigt und empfinde keine Enttäuschung. Kann ich die Fragen nicht ohne Weiteres bejahen, versuche ich, es beim nächsten Mal besser zu machen, aus meinen Fehlern zu lernen und noch aufmerksamer zu sein.

Hilfe annehmen

Wenn es darum geht, sich helfen zu lassen, ist es wichtig, zunächst klar zu erkennen, in welcher Situation wir uns befinden und was innerhalb unserer Möglichkeiten, unseres Wissens und unserer Erfahrung liegt, um sie zu meistern. Hier brauchen wir ein gesundes Selbstvertrauen. Mehr über dieses Thema findet sich in Kapitel *S – Selbstvertrauen.* Wenn wir dagegen versuchen, etwas zu tun, das unsere Möglichkeiten übersteigt, werden wir nervös und unsicher. An dieser Stelle ist es klüger zu akzeptieren, dass wir Hilfe benötigen, dann sollten wir um Hilfe bitten und sie schließlich auch wirklich annehmen.

Erkennen wir, dass wir wirklich Unterstützung brauchen, bedeutet dies, unser Ego über Bord zu werfen, da es die Quelle der meisten Probleme darstellt. Ich zum Beispiel reise viel, oft auch durch Deutschland; da ich kein Deutsch spreche, weiß ich meist nicht genau, wo ich mich gerade befinde, wo ich als Nächstes hin soll und wie ich an die entsprechenden Orte gelange. Würde ich davon ausgehen, allein zurechtzukommen, wäre das der Situation nicht angemessen. Denn ohne Hilfe würde ich mich komplett verirren und meine Ziele nicht erreichen. Gelingt es mir aber, die Gegebenheiten zu akzeptieren, wie sie sind, kann ich entspannt bleiben, nachfragen und schließlich erhalten, was ich brauche.

Vor einiger Zeit beobachtete ich einen älteren Herrn im Flugzeug, der vergeblich versuchte, seinen Koffer aus dem Gepäckfach über dem Sitz zu holen. Ich bot ihm an zu helfen, denn zu zweit hätten wir es vielleicht geschafft. Der Herr jedoch raunzte nur erbost, er könne das schon allein. Es fiel ihm offensichtlich schwer einzugestehen, dass er ein Problem hatte, und so mühte er sich weiter recht erfolglos ab, bis schließlich ein Steward einschritt und leichter Hand den Koffer herauszog, begleitet vom griesgrämigen Grummeln des älteren Herrn.

Eigentlich müssen wir nur ehrlich mit uns sein: Benötigen wir Hilfe, sollten wir darum bitten. Ob andere uns dann helfen, ob sie wirklich fähig dazu sind oder nicht, wie sie reagieren, was sie über uns denken oder ob ihnen bewusst ist, dass alles mit allem verbunden ist, all dies liegt nicht in unserer Hand, sondern innerhalb deren eigener Verantwortung. Wir sollten Helfen ganz generell als einen alltäglichen und notwendigen Austausch zwischen Menschen verstehen, in dem wir manchmal geben und manchmal bekommen. Dann wird es uns leichtfallen, anderen achtsam zu helfen, genauso wie Hilfe ganz offen anzunehmen.

I

INTENTION

Was ist Intention?

Unter *Intention* verstehen wir jene Antriebskraft, die sämtliche Handlungen von Körper, Sprache und Geist aktiviert, ausführt und am Ende ein Ergebnis hervorbringt. Die Handlungen des Geistes sind dabei entscheidend, denn ihnen folgen die körperlichen und sprachlichen. Unser Geist ist einem König vergleichbar, dessen Gefolgschaft Körper und Sprache sind.

In den buddhistischen Texten wird die *Intention* oder Absicht als Qualität des Geistes verstanden und den verschiedenen Geisteshaltungen zugeschrieben. Damit erhält sie eine zentrale Position, da sie sowohl im persönlichen wie im gemeinschaftlichen Leben ausschlaggebend ist. Und so gibt es im Buddhismus auch eine große Vielfalt an Methoden, mit deren Hilfe wir unsere geistige Ausrichtung zunächst positiv verändern, diese Veränderung dann langfristig verinnerlichen und schließlich deren Umsetzung Kraft verleihen können.

Intention im Alltag

Gelegentlich kommt es jedoch zu Missverständnissen bezüglich dieser Abfolge. Im Rahmen religiöser Dialoggespräche zum Beispiel wird häufig eingewendet, dass der Buddhismus lediglich Methoden zur Veränderung des Geistes behandle, doch wie diese Methoden genau angewandt und in konkretes alltägliches Handeln umgesetzt würden, werde eher vernachlässigt. Dies ist zwar ein großer Irrtum, doch er kann leicht entstehen, weil die buddhistischen Texte in der Tat stärker die Methoden sowie deren langwierige Einübung betonen. Dennoch liegt der Fokus aller buddhistischen Methoden und Praktiken des Geistestrainings letztlich immer auf ihrer Umsetzung im täglichen Leben.

Doch ohne eine stabile geistige Ausrichtung haben auch unsere Handlungen keine stabile Basis und nur wenig Kraft. Aus diesem Grund wird so viel Wert auf die richtige Intention gelegt.

Grundlegende Intention und Intention während der Ausführung

Bevor wir eine Handlung ausführen, entsteht der Wunsch, etwas zu tun; dies bildet die Grundlage, auf der wir beschließen, unseren Wunsch auch tatsächlich zu verwirklichen. Das wird *grundlegende Intention* genannt. Dadurch aktiviert, machen wir uns an die Ausführung und versuchen, unsere Absicht in die Tat umzusetzen. Das bezeichnen wir als *Intention während der Ausführung*.

Positive, negative und neutrale Intentionen

Absichten können wir in positive, negative oder neutrale unterteilen oder, religiös formuliert, in tugendhafte, untugendhafte und unbestimmte. Da es jedoch in jeder Gesellschaft religiöse wie nicht religiöse Menschen gibt, scheinen mir die Bezeichnungen *positiv*, *negativ* und *neutral* leichter annehmbar.

Doch was heißt das konkret? Wenn unser Verhalten den gesellschaftlichen Normen und Regeln – religiösen, kulturellen, traditionellen – desjenigen Umfeldes entspricht, in dem wir uns gerade befinden, wird dies als positiv empfunden. Entspricht dies auch unserer Absicht und ist unser Verhalten aufrichtig, haben wir eine positive Intention. Verhalten wir uns jedoch respektlos gegenüber den Gepflogenheiten unserer Umgebung oder geben wir lediglich vor, sie zu respektieren, wird unser Verhalten negativ empfunden, da die damit verbundene Intention auf einer negativen Grundlage ruht. Haben wir eine weder positive noch negative geistige Einstellung bezüglich unseres Umfeldes, wird sie als neutral wahrgenommen.

Leben wir als Europäer zum Beispiel in Nepal, sollten wir uns in einem vernünftigen Rahmen an das Verhalten der dortigen Bewohner anpassen. Sind wir indes davon überzeugt, es gebe keine bessere Art zu leben als die unsere, und sind wir nicht bereit, auf die fremde Umgebung einzugehen, ist unsere Einstellung nicht unbedingt positiv. Das Gleiche gilt, wenn ich als Dolpopa europäische Länder bereisen und behaupten würde, die Lebensweise der Dolpo-Bewohner sei die beste. Mein Verhalten würde in einigen Punkten zwangsläufig den Lebensgewohnheiten der Europäer widersprechen. Und alle, die dies beobachten, würden denken, ich verhalte mich respektlos. Deshalb ist eine solche Haltung nicht wirklich hilfreich.

Im Buddhismus sprechen wir von zehn untugendhaften Handlungen, die ich hier deshalb erwähnen will, da sie mir von allgemeiner Bedeutung scheinen, auch wenn wir keine besondere Verbindung zum Buddhismus haben. Zu diesen negativen Handlungen gehören in Bezug auf den Körper *Töten*, *Stehlen* und *sexuelles Fehlverhalten*; bezogen auf die Sprache *Lügen*, *entzweiende* oder *verletzende Worte* sowie *sinnloses Geschwätz*; und bezogen auf den Geist *Habgier*, *der Wunsch, anderen zu schaden* sowie nicht zuletzt *falsche Sichtweisen*.

Falsche Sichtweisen können in einem mehr spezifisch religiösen Rahmen betrachtet werden oder eher allgemein bezogen auf unser gesellschaftliches Zusammenleben. In Gesellschaften, die nicht buddhistisch geprägt sind, gibt es genau wie in buddhistischen gewisse allgemein anerkannte ethische Richtlinien. Denkweisen nun, die mit diesen Regeln in direktem Widerspruch stehen, gelten als falsche Sichtweisen. So wäre zum Beispiel die Absicht, mittels illegaler Geschäfte Geld zu verdienen, diesen gesellschaftlichen Richtlinien entgegengesetzt und somit eine falsche persönliche wie wirtschaftliche Sichtweise.

Wie wir uns in der richtigen Intention üben können

Wir mögen uns jetzt fragen, weshalb wir uns denn eine bestimmte geistige Ausrichtung angewöhnen sollen? Meine Antwort lautet: weil unsere positiven Absichten auch unser Handeln leiten und wir uns mit einer positiven Intention auch positiv verhalten, was für uns und andere angenehmer ist. *Verhalten* meint hier die Art und Weise, wie wir etwas tun, was wiederum durch unsere Intention bestimmt und gelenkt wird. Und weil sich unser äußeres Verhalten entsprechend unserer inneren Ausrichtung entwickelt, müssen wir mit positiven geistigen Einstellungen vertraut werden. Ist uns dieser Zusammenhang bewusst und rufen wir ihn immer wieder in unser Gedächtnis, können wir ein sinnerfülltes Leben führen. Ob uns dies langfristig gelingt, hängt von unserer Aufmerksamkeit, Achtsamkeit und unserem Erinnerungsvermögen ab.

Aufmerksamkeit hat einen Bezug zu Wissen. Das beinhaltet unter anderem zu wissen, wie die Gepflogenheiten unseres Umfeldes sind, um uns angemessen verhalten zu können. Es eröffnet außerdem ein Verständnis dafür, was richtig oder falsch, angebracht oder unangebracht ist. Es gibt Handlungen, die aus sich heraus positiv sind und immer zu einem nützlichen Ergebnis führen. Andere dagegen sind an sich weder gut noch schlecht, sondern gelten als positiv entsprechend einer bestimmten Kultur, Religion oder Gesellschaft. In manchen Ländern zum Beispiel ist es höflich, sich während der Begrüßung in die Augen zu schauen und einander anzulächeln. Blickt man aber ernst und weicht dem Blick des anderen aus, wie an anderen Orten üblich, ist der andere irritiert und empfindet dies als respektlos. Als ich zum ersten Mal nach Deutschland kam, wusste ich noch nicht, dass man sich anlächelt, wenn man jemanden grüßt. Deshalb sollten wir unsere Umgebung aufmerksam beobachten und herausfinden, was jeweils als positiv oder negativ betrachtet wird. Tun wir dies jedoch nicht, wissen wir auch nicht, worauf wir zu achten haben.

Unser Wissen muss sich gleichzeitig auf *Achtsamkeit* stützen. Selbst wenn uns bewusst sein mag, was richtig oder falsch ist, sind wir dennoch unachtsam, kann es passieren, dass wir ungewollt falsch handeln. Als buddhistischer Mönch richte ich jeden Morgen und vor jeder Tätigkeit meine Motivation und damit meine Intention positiv aus; ich nehme mir diese Motivation zu Herzen und versuche anschließend, mich entsprechend zu verhalten. Was diese Ausrichtung trägt und über den Tag aufrechterhält, ist meine Achtsamkeit. Ohne Achtsamkeit ist es nicht möglich, unsere Absichten angemessen zu verwirklichen. Dies ist aber nicht nur innerhalb eines religiösen Kontextes wichtig; wir benötigen im Prinzip für jede unserer Aktivitäten klare Absichten und eine verbindliche geistige Ausrichtung. Unser *Erinnerungsvermögen* fungiert dabei als Bindeglied zwischen Aufmerksamkeit und Achtsamkeit. Indem wir uns immer wieder ins Gedächtnis rufen, wo wir uns gerade befinden und was es zu tun gilt, stärken wir auch unsere Achtsamkeit. Wenn nun in buddhistischen Texten die Aspekte von Aufmerksamkeit, Achtsamkeit und Erinnerungsvermögen nicht explizit erklärt werden, liegt dies vor allem daran, dass ihre Anwendung im Alltag als selbstverständlich gilt.

Die Kraft der positiven Intention

Fassen wir Wirkung und Kraft einer positiven geistigen Ausrichtung zusammen, können wir sagen, dass sie ein positives und aufbauendes Verhalten fördert, das auf ganz natürliche Weise uns und anderen zu Wohlbefinden verhilft. Verhalten *wir* uns gut, beeinflusst dies direkt und indirekt alle anderen.

Als ich vor einiger Zeit in Taiwan war, wohnte neben unserem buddhistischen Zentrum ein Mann, der keinen von uns mochte. Wir wussten alle nicht, warum, denn wir hatten bisher nie wirklich miteinander gesprochen. Doch jedes Mal, wenn wir aufeinandertrafen, sah er verärgert aus, und alle fühlten sich unwohl. Allein aus seiner Haltung uns gegenüber und seinem Gesichtsausdruck ergab sich dieser Eindruck und diese unangenehme Empfindung.

Viele moderne Psychologen und Ärzte sagen ganz Ähnliches. Behandelt zum Beispiel ein Arzt einen Patienten, dann hat die Kraft seiner Anteilnahme und seines Mitgefühls einen sehr großen Einfluss auf die Heilung. Andererseits kann eine hervorragende medizinische Behandlung beinahe wirkungslos bleiben, wenn der Arzt weder Zuwendung noch Mitgefühl für seinen Patienten zeigt. Es gibt viele Berichte, dass sich Kranke in den Händen eines liebevollen, einfühlsamen Arztes außerordentlich schnell erholen, auch wenn die äußeren Umstände nicht ideal sind. Auch zahlreiche Untersuchungen belegen, dass eine positive Einstellung des Arztes seinen Patienten gegenüber den Genesungsprozess stark beeinflussen und fördern kann.

In den Jahren 2011 bis 2013 besuchte ich dreimal die Universität Freiburg, die in dieser Zeit eine Studie zur Anwendung einer speziellen Mitgefühls-Praxis, die wir *Tonglen* nennen, auf einer Palliativ-Station durchführte[7]. Bei der Tonglen-Meditation stellt man sich beim Ausatmen vor, all sein Glück und Wohlbefinden an alle Wesen auszusenden und beim Einatmen alle Probleme, Schmerzen und Krankheiten aller Wesen in sich aufzunehmen. Bei meinem zweiten Besuch in Freiburg 2012 sprach ich eingehender mit den Professoren und Studenten über die Tonglen-Übungen aus buddhistischer Sicht, und 2013, als man die Ergebnisse vorstellte, wurde ich noch einmal gebeten, einen Vortrag zu halten. Zu Beginn der Studie hatte ein erfahrener deutscher Buddhist dem teilnehmenden medizinischen Personal eine neuntägige Einführung in die Praxis erteilt. Anschließend wurde die Methode von den Teilnehmern der Studie im medizinischen Alltag angewandt. Und bereits nach zehn Wochen konnte eine Verbesserung der psychischen Belastbarkeit sowie der physischen Stressanzeichen gemessen werden. Sollte diese Meditationstechnik langfristig gute Ergebnisse erzielen, ist geplant, sie in mehreren deutschen Krankenhäusern einzusetzen.

Innerhalb des tibetischen Buddhismus gibt es eine weitere Methode, Kranken mittels *Mantra-Rezitation* und *Anhauchen mit Mantra-Atem* zu helfen. Die Anwendung dieser Methode ermöglicht die Heilung verschiedener physischer Wunden wie auch einiger psychischer Probleme. Während der Rezitation durch einen fortgeschrittenen spirituell Praktizierenden werden zunächst die Mantras hörbar wiederholt, damit sich deren Kraft manifestieren kann. Währenddessen meditiert der Behandelnde darüber, dem Erkrankten von ganzem Herzen helfen zu wollen. Gleichzeitig ist es wichtig, dass auch der Patient darauf vertraut, dass ihm durch die Behandlung geholfen werden kann. Erst dann sollte er mit dem Mantra-Atem angehaucht werden. Die Heilung erfolgt letztlich durch Verknüpfung der aufrichtigen Intention des Praktizierenden mit der Kraft der Mantras und der Offenheit des Patienten.

Der japanische Wissenschaftler Dr. Masaru Emoto[8] hat zum Beispiel gezeigt, wie sich Wasserkristalle durch den Einfluss von Meditation und bestimmten Worten verändern. Pflanzen sollen sogar die Absichten von Menschen *erspüren*. So verändert sich anscheinend ihr Energiefluss messbar, sobald sich jemand mit der Absicht nähert, sie abzuschneiden.[9] In einem der buddhistischen Sutras können wir Vergleichbares lesen. Dort erzählt Buddha Folgendes: Sind zwei Menschen zusammen in den Bergen unterwegs, von denen einer Fleisch isst und der andere nicht, so werden die Rehe dort den Fleischesser meiden, sich aber nicht vor dem fürchten, der auf Fleisch verzichtet.

Doch abgesehen davon, wie viele wissenschaftliche Erkenntnisse es bereits gibt, jeder von uns kann selbst erfahren, wie sich eine positive geistige Einstellung auf unser Leben auswirkt. Wir sollten deshalb gute und positive Absichten entwickeln und diese anhand von Aufmerksamkeit, Achtsamkeit sowie Erinnerungsvermögen stärken und fördern.

J

JAMMERN

Was ist Jammern?

Fehler zu erkennen und sie zu benennen ist aus meiner Sicht ein positiver Akt, der den ersten Schritt zu einer Veränderung darstellt. Werden wir gewahr, dass etwas nicht richtig ist, können wir die Absicht entwickeln, es zu berichtigen, und damit einen Prozess der Optimierung beginnen. Viele solcher graduellen Veränderungen lassen sich weltweit beobachten: Manche entspringen einer zielgerichteten Intention, während anderen ein Sumpf aus Leiden zugrunde liegt, der, einmal erkannt, verändert werden soll. Von Zeit zu Zeit stehen hinter dem Streben nach Verbesserung auch echte Liebe, wahres Mitgefühl und authentischer Altruismus.

Es ist durchaus wichtig, im angemessenen Rahmen und nach sorgfältiger Prüfung auf reale Missstände aufmerksam zu machen und sie klar zu benennen, um potenziellen Schaden für uns und andere erkennen und wenn möglich abwenden zu können oder Fehler nicht zu wiederholen. Problematisch wird erst die Übersteigerung eines Problems, die in Jammern und Klagen ausufern kann. Dies ist weder für uns selbst noch für andere hilfreich. Verlieren wir uns zum Beispiel in der Ansicht, wir seien mangelhaft, übersehen wir dabei völlig unsere Stärken. Beurteilen wir Menschen, die uns nahestehen, oder unsere Umgebung vorrangig nach ihren Fehlern, können wir uns ihrer positiven Aspekte kaum bewusst werden. Eine überwiegend negative Sichtweise, die uns überwältigt und dann in Jammern endet, greift uns körperlich wie geistig an. Aus diesem Grund sollten wir sie ohne Wenn und Aber überwinden.

Es gibt vielerlei Möglichkeiten, mit Fehlern umzugehen: Wir können sie verneinen, ignorieren, schönen oder über sie jammern; wir können Fehler aber auch einfach als Fehler erkennen, sie als solche benennen und beginnen, die Situation zu verbessern. Wollen wir ein glückliches Leben führen, sollten wir alles vermeiden, was uns psychisch wie physisch Probleme bereitet. Da Jammern eine Situation weder verändert noch irgendjemandem nützt, sollten wir darauf achten, keine Gewohnheit daraus zu machen. Wiederholen wir unablässig, *was* alles gerade nicht passt und *wie* schwierig es für uns ist, formen wir flugs einen Charakterzug, den wir nicht mehr so schnell losbekommen. Wenn wir bemerken, dass sich täglich über fünfzig Prozent unserer Gedanken darum drehen, was uns Schwierigkeiten bereitet und was alles negativ ist, ist definitiv die Zeit gekommen, aufzumerken und achtsam zu sein. Bei spätestens sechzig oder gar siebzig Prozent wird unsere Haltung zu einem ernstzunehmenden Problem, weil wir keinen Tag mehr erleben, an dem wir geistig entspannen und uns wirklich wohlfühlen.

Manche Menschen befassen sich nahezu immer mit allem, was negativ scheint, und jammern in Gesprächen gerne vor sich hin. Äußert jemand beispielsweise, ein bestimmtes Buch sei ein wirklich gutes und lesenswertes, mögen sie zunächst noch zustimmen, dann aber gleich hinzufügen, dass es zu groß, zu schwer oder der Einband leider nicht ansprechend genug sei. Findet man, eine bestimmte Rose sei wunderschön, bemängeln sie, das Rot dieser Blume sei doch etwas zu rot oder nicht leuchtend genug. An allem finden sie etwas auszusetzen, nichts können sie einfach nehmen, wie es ist; alles muss beurteilt und das Negative auf jeden Fall hervorgehoben werden. Solche Menschen sehen eigentlich immer unglücklich aus. Betrachtet man ihre Lebensumstände ein wenig genauer, gibt es oft keinen wirklichen Grund für diese Angewohnheit. Sie handeln überwiegend aus der Kraft ihrer Gewohnheiten.

Diese endlosen Klagen können mit der Zeit familiäre, berufliche wie ökonomische, aber auch religiöse oder gesellschaftliche Probleme nach sich ziehen, was weder kurzfristig noch auf lange Sicht hilfreich ist. Haben wir dennoch das starke Gefühl, wir müssten auf Missstände aufmerksam machen, tragen wir auch bis zu einem gewissen Grad die Verantwortung, selbst aktiv zu werden.

Jammern im Alltag

Jammern ist problematisch, weil es uns selbst und andere unglücklich macht und außerdem die Dinge nicht verändert. Für keinen ist es angenehm, mit einem ewigen Nörgler Zeit zu verbringen. Auch wenn wir eigentlich nicht abweisend sein wollen, irgendwann wird es doch schwierig, mit jemandem zusammen zu sein, der sich dauernd beklagt. Und selbst als Verwandte oder enge Freunde fühlen wir uns nach einiger Zeit einfach unwohl.

Auswirkungen des Jammerns

Wollen wir zum Beispiel mit einem Jammerer ein Restaurant besuchen, wird er an jedem Vorschlag etwas zu bemängeln haben; und egal wie viele Vorschläge wir machen, nichts wird ihn zufriedenstellen. Können wir ihn doch überzeugen, in eines der Lokale mitzugehen, ist sicher das Essen nicht in Ordnung: Es wird vielleicht zu wenig, zu fettig oder versalzen oder sonst etwas sein. Dieser Mensch wird vor sich hin nörgeln und Trübsal blasen. Solch ein Ausflug verläuft selten angenehm.

Eine stets miesepetrige Haltung ist genau genommen reine Verschwendung von Zeit: Man verdirbt sich das Essen, den Tag, die Monate, Jahre und letztendlich sein ganzes Leben. Man schafft sich sein eigenes Leid – völlig nutzlos. Jede Minute, die wir mit Jammern verbringen, nimmt uns die Chance, Glück zu erfahren; und all diese vertanen Momente sind nicht mehr rückgängig zu machen.

Deshalb sollten wir unsere negative Haltung aufgeben und eine grundsätzlich positive Einstellung kultivieren. Bezogen auf einen Restaurantbesuch hieße das, froh zu sein, dass es überhaupt Restaurants gibt, und mehr noch, dass eines gerade geöffnet hat. Dann geht es uns gleich besser. Wenn wir so denken, genießen wir unser Essen, aber auch den Tag, jede Woche, jeden Monat und jedes Jahr. Unser gesamtes Leben wird wesentlich angenehmer verlaufen. Nehmen wir ein anderes Beispiel: die Besprechung eines Arbeitsprojekts. Durch einen offenen, konstruktiven Austausch steigt das Vertrauen, die Aufgaben und Ziele erfolgreich bewältigen zu können. Werden dagegen immer wieder pessimistische Aspekte eingestreut, fällt das Vertrauen in sich zusammen, und Zweifel bezüglich der Durchführbarkeit werden genährt. Pessimisten vermitteln stets das Gefühl, Vorhaben seien nicht machbar. Sobald aber das Vertrauen in ein Projekt einmal verlorengegangen ist, gibt es kaum noch Chancen auf eine erfolgreiche Zusammenarbeit.

Die bedenklichste Art von Jammern ist, alles persönlich zu nehmen. Wir können, wie erwähnt, mit Schwierigkeiten im Leben so umgehen, dass wir sie schlicht als solche erkennen und sie handhaben lernen, was schließlich in eine positive Veränderung münden wird. Wir können uns aber auch über Probleme beklagen, was letztlich nur uns selbst, aber auch andere unglücklich macht. Wenn wir nicht versuchen, reale, konkrete Missstände zu beheben, und stattdessen nur klagen, können wir in eine Art realitätsferne Arroganz verfallen: *Wir* erkennen, was falsch ist, wir leiden daran, und die anderen sind unfähig, aber besser dran als wir. Wenn eine Person gerade keine Arbeit hat, außerdem wenig Freunde oder scheinbar keine besonderen Fähigkeiten, kann sie rasch dem Gedanken verfallen, sie wäre die einzige mit derlei Schwierigkeiten: »*Warum trifft es nur mich so hart im Leben und offenbar niemanden sonst? Warum geht es allen anderen gut, während mich ein so schweres Los getroffen hat?*« Diese Gedanken sind natürlich weit ab von jeder Realität und verstärken nur das mentale Leiden, während sie gleichzeitig unser Selbstvertrauen schwächen. So lassen sich Schwierigkeiten nicht lösen; unsere Freude am Leben schwindet, und schlimmstenfalls gerät man in Versuchung, sich selbst das Leben zu nehmen. Jammern raubt uns unsere körperlichen und geistigen Kräfte, was zu völliger Erschöpfung führen kann.

Wege, das Jammern zu überwinden

Ich möchte hier fünf Punkte ansprechen:

- **Eine gegebene Situation akzeptieren**
- **Lösungen suchen**
- **Sich nahestehenden Menschen anvertrauen**
- **Eine positive Sicht entwickeln**
- **Meditation über Gottheiten**

Eine gegebene Situation akzeptieren

Denken wir, nur uns ginge es schlecht, sind wir der tückischsten Form von Jammern in die Falle getappt. Es ist unmöglich, etwas zu erleiden, das noch keiner vor uns je erlitten hätte. Wenn wir glauben, wir erleben einen Schicksalsschlag, der kaum zu ertragen sei, verstärken wir nur unser Leid. Nehmen wir dagegen die Situation an, wie sie ist, überwinden wir unrealistische Gedanken und bekommen einen klareren Blick. Verstehen wir zudem, dass jeder Mensch zu jeder Zeit in eine ähnliche Lage geraten kann, werden wir ruhiger und können entspannen.

Nun sollten wir uns nach und nach damit auseinandersetzen, dass unsere derzeitigen Lebensumstände, wie alles im Leben, nicht unveränderbar, gleichbleibend oder dauerhaft sind, sondern einem unablässigen Wandel unterworfen – wie das Wetter im Verlauf eines Tages. Dies sollten wir uns immer wieder bewusst machen. Die Erfahrung zeigt doch, dass sich alle unsere Lebenslagen stets gewandelt haben, ganz gleich wie schlimm oder schön sie waren. Nur so können wir unser inneres Gleichgewicht wiederfinden und mit Herausforderungen souveräner umgehen.

Innerhalb des buddhistischen Geistestrainings gibt es eine Übung, in der wir in einem ersten Schritt darüber kontemplieren, wie unermesslich schwer und damit kostbar es ist, als Mensch geboren zu sein; in einem zweiten Schritt kontemplieren wir darüber, dass alles und damit auch unser eigenes Leben unbeständig ist; und in einem nächsten Schritt, dass alles, was existiert, auf Ursachen und Resultaten beruht, dem Gesetz von Karma. Methoden wie diese können uns dabei helfen, die wahre Situation anzunehmen und schließlich zu transformieren.

Lösungen suchen

Wir dürfen es aber nicht dabei belassen, die Situation nur zu akzeptieren, sondern müssen gleichzeitig sehen, wie wir sie konstruktiv verbessern können. Jedes Problem trägt immer mindestens einen positiven Aspekt in sich, und zwar die Möglichkeit zur Wandlung. Dies hilft auch, uns selbst gegenüber gütiger zu werden und Lösungen zu finden, die unser eigenes Wohl fördern und den gegebenen Umständen angepasst sind.

Es gibt eine berühmte einbeinige Tänzerin aus Punjab (Indien) namens Shubhreet Kau. Sie war 2010 in einen Autounfall verwickelt, der die Amputation eines Beins nach sich zog. Mit Unterstützung ihrer Mutter und mittels ihres eigenen Selbstbewusstseins fand sie einen Weg, ihren Lebensunterhalt weiterhin als Tänzerin zu sichern, und sogar bei *India has got Talent* anzutreten. Dort zeigte sie einen indischen Tanz, den normalerweise nur zweibeinige Tänzer darbieten. Da sie aber mit beeindruckender Ausdauer und unbezwingbarer Zuversicht gelernt hatte, ihren Möglichkeiten entsprechend und voller Kreativität zu trainieren, beherrschte sie diesen Tanz perfekt und konnte das schier Unmögliche vollbringen. Sie bewahrte sich also trotz widrigster Umstände ihr

Selbstbewusstsein und fand einen Weg, der ihr wieder Freude im Leben schenkt.

Sich nahestehenden Menschen anvertrauen

Inneres Jammern und Klagen schafft ernsthafte mentale Probleme. Wir leiden, fühlen uns unter Druck und eingeengt, und diese Gefühle verstärken sich noch, je mehr wir sie abkapseln. Deshalb ist es wichtig, sich nahestehenden Menschen anzuvertrauen. Das bedeutet einerseits, unsere Sorgen zu besprechen, gleichzeitig aber auch, gemeinsam nach Lösungen zu suchen. Engen Freunden und Verwandten kann es gelingen, uns mit ihren guten Absichten wieder zu beruhigen, Optionen aufzuzeigen und ihre Sicht der Dinge mitzuteilen. Trotzdem sollten wir natürlich wachsam sein, denn auch sie können Situationen falsch einschätzen und ungewollt verkehrte Wege aufzeigen.

Es gibt in psychologischer Hinsicht große kulturelle Unterschiede. In meiner Heimat beispielsweise sitzen wir häufig zusammen und sprechen mit anderen über unsere Probleme und Schwierigkeiten. Das hilft sehr. Der vorherrschende Individualismus in den Städten westlicher Länder indes schadet vielen Menschen. Als spiritueller Lehrer treffe ich oft auf Menschen, die emotional leiden. Die meisten von ihnen verstecken ihre Probleme, und nur wenige suchen wirklich nach Lösungen, indem sie sich anderen anvertrauen. Wir sollten also unsere Gewohnheiten ändern und uns mehr mit anderen essenziell austauschen.

Eine positive Sicht entwickeln

Die Fähigkeit, die positive Seite einer schwierigen Situation zu erkennen, ist ein wirksames Gegenmittel und ein wichtiger Schritt für Veränderung. Es geht darum, die tatsächlich vorhandenen guten Aspekte einer Situation zu erkennen und zu formulieren, sobald wir feststellen, dass wir in Negativität abgleiten. Viele Länder kennen das berühmte Beispiel des halbvollen beziehungsweise halbleeren Glases. Betrachten wir ein Glas als halbleer, konzentrieren wir uns auf das Negative. Ist es für uns dagegen halbvoll, liegt unser Fokus auf der positiven Seite. Wir sollten einmal versuchen, alle Dinge und Menschen, an denen wir normalerweise etwas auszusetzen haben, im Hinblick auf ihre Vorzüge wahrzunehmen, und diese einzeln aufzuzählen. Können wir unsere Aufmerksamkeit auf mehr als drei positive Punkte lenken, wird sich unser Empfinden schlagartig ändern.

Meditation über Gottheiten

In den buddhistischen Mantra-Lehren wird die Meditation über Gottheiten als Gegenmittel zu negativen Sichtweisen beschrieben. Viele Menschen glauben allerdings, diese Art der Meditation diene dazu, magische Kräfte zu erlangen. Damit unterliegen sie einem großen Missverständnis. In Wirklichkeit verändern wir mit dieser Methode nur unsere Wahrnehmung von Fehlerhaftigkeit; wir bereinigen sie schrittweise, bis unsere Wahrnehmung völlig klar und rein ist. In den entsprechenden Texten werden die Gottheiten vor allem als Symbol für eine fehlerfreie Sicht beschrieben. Deshalb ist diese Form der Meditation nicht losgelöst von unserem ganz gewöhnlichen Leben innerhalb der Gesellschaft. Wir kontemplieren darüber, dass alle Phänomene von jeher rein, unbefleckt und frei von Fehlern sind, also auch unsere eigene Natur. Wir üben uns darin, in allem weniger das Negative zu sehen, als vielmehr das Gute und dessen Essenz zu erkennen. Nach und nach wird unser spontanes Wahrnehmen von Fehlern ganz von selbst abnehmen. Das erwähnte Beispiel vom halbvollen oder halbleeren Glas zeigt, dass wir selbst entscheiden, entweder das Positive oder das Negative wahrzunehmen. Die Gottheiten-Meditation ist folglich eine Methode, die uns, selbst wenn wir sie nicht direkt anwenden, durch ihre Logik unterstützen kann, unsere Sicht und unseren Geist positiv auszurichten.

Wichtig für uns wäre, ganz grundsätzlich die Nutzlosigkeit jeder Form von Jammern zu erkennen. Gleichzeitig setzen wir mit einer grundlegend positiven Einstellung jene Kraft frei, die uns schwierige Situationen annehmen lässt oder ihnen eine neue, konstruktive Richtung geben kann.

K

KARMA

Was ist Karma?

Karma wird im Deutschen am besten mit dem Wort *Handlung* übersetzt, obwohl es im Grunde keinen wirklich adäquaten Begriff gibt. Die Sanskritworte *karma* und *karmachari* sowie das tibetische *las* und *las byed pa* wie auch die deutschen Begriffe *Handlung* und *Handelnder* haben aber zumindest eine vergleichbare Bedeutung. Wenn wir von *Handlung* sprechen, so sind hier die Handlungen von Körper, Sprache und Geist gemeint. *Karma* beinhaltet aber nicht nur Handlung an sich, sondern auch das daraus resultierende Ergebnis. Deshalb sprechen wir in Zusammenhang mit Karma auch vom karmischen Gesetz oder dem Gesetz von Ursache und Wirkung. Aus meiner Sicht ist es wichtig, dass hier keine Missverständnisse entstehen und wir uns keine eigenen Vorstellungen zurechtlegen, die im Widerspruch zur tatsächlichen Lehre von Ursache und Wirkung stehen.

2008 besuchte ich einmal mit Freunden ein gutes Restaurant. Meine Freunde hatten dem Besitzer vorab von mir erzählt, und als wir dort eintrafen und uns der Inhaber begrüßte, bat er mich sogleich, ihm gutes Karma für sein Lokal zu geben. Ich antwortete zunächst eher scherzhaft, dass ich momentan kein gutes Karma besäße, das ich ihm geben könne, erklärte ihm aber anschließend, dass der Erfolg und das *Karma* seines Restaurants in erster Linie von den Künsten seines Kochs abhänge und davon, wie es geführt sei beziehungsweise ob das Personal gut mit den Gästen umgehe. Er als Inhaber müsse durch sein Handeln und seine Entscheidungen selber gutes Karma generieren; dies könne kein anderer für ihn übernehmen.

Wenn wir unsere Träume und Wünsche für die Zukunft wirklich erfüllen wollen, ist es notwendig, in der Gegenwart bestimmte Vorkehrungen zu treffen und entsprechende Umstände zu schaffen – gemäß unseren individuellen Lebensbedingungen, der Zeit, in der wir leben, sowie unseren Erfahrungen. Wollen wir zum Beispiel eine interessante und erfüllende Arbeit, müssen wir jetzt die Weichen dafür stellen, eine entsprechende Ausbildung beginnen und uns anschließend für die richtige Stelle bewerben.

Seit Beginn der menschlichen Zivilisation haben sich Generationen Gedanken gemacht über die Gründe, weshalb wir Glück oder Leid erfahren und weshalb die Lebensgrundlagen der Menschen so ungleich verteilt sind. Entlang dieser Frage entwickelte sich auch das Verständnis von Karma –

dem Zusammenhang von Handlung und Resultat. Die entsprechenden Erkenntnisse flossen in die unterschiedlichen religiösen und philosophischen Sichtweisen, sodass sich mit der Zeit immer differenziertere Erläuterungen zu den verschiedenen Aspekten von Karma entfalteten wie beispielsweise die Vorstellung von vergangenen und künftigen Leben.

Der Hinduismus enthält vermutlich als eine der ersten großen Religionen Lehren über Karma. Buddha lehrte ebenfalls darüber, tat dies aber auf andere Art. Zunächst zeigte er gewisse Widersprüchlichkeiten hinduistischer Vorstellungen auf, die Karma zwar anerkennen, aber zugleich von einem Schöpfer ausgehen, der immerwährend, aus sich selbst hervorgehend, unveränderlich und unabhängig sei. Folgt man den Erklärungen Buddhas, erweist sich der Glaube an eine Schöpferinstanz in Verbindung mit Karma als nicht schlüssig. Dennoch sollte jeder Einzelne für sich herausfinden, ob diese Betrachtungsweise zutreffend ist oder nicht. Da ich mich als Schüler Buddhas verstehe und dem Buddhismus verbunden fühle und vielleicht auch weil ich lange Zeit nach den tieferen Ursachen geforscht habe, erschließt sich mir das Karma-Konzept ohne Schöpfergott als das logischere. Eine schöpferische Allmacht würde bedeuten, dass wir letztlich die Verantwortung für unser Leben und unsere Handlungen an sie abgeben können. Das wäre, als wenn wir beim Autofahren darauf vertrauten, eine göttliche Macht lenke das Auto und wir müssten nichts weiter tun. In Wirklichkeit jedoch müssen wir die hundertprozentige Verantwortung für unser Fahren übernehmen, die Geschwindigkeit entsprechend kontrollieren sowie den Regeln und Verkehrszeichen folgen.

Karma im Alltag

Wir können zunächst allgemein sagen, dass sämtliche Lehren Buddhas auf dem Karma-Konzept gründen. Er zeigte, dass das Verhältnis einer Handlung zu ihrer Wirkung eine der essenziellen Wahrheiten ist. Sind alle Bedingungen und Ursachen zusammengekommen, reift deren Wirkung unweigerlich heran – sei sie wünschenswert oder nicht. Umgekehrt gilt, sind die notwendigen Ursachen nicht vollständig, kann auch das entsprechende Resultat nicht reifen, so sehr wir dies wünschen. Wir sprechen hier von einer grundsätzlichen gegenseitigen Abhängigkeit. Die Handlungen von Körper, Sprache und Geist nun sind eine spezifische Ausdrucksform dieser gegenseitigen Abhängigkeit, die als Karma bezeichnet wird.

Erklärungen Buddhas zu Karma

Niemand, ob sozial hochgestellt oder schwach, mächtig oder machtlos, reich oder arm, kann die Beziehung zwischen Handlung und Resultat umgehen oder beeinflussen. Darum bezeichnete Buddha dies als die *unfehlbare Wahrheit der gegenseitigen Abhängigkeit* und gab das Beispiel eines hoch am Himmel fliegenden Vogels, dessen Schatten am Boden verschwunden scheint. Doch sobald der Vogel erneut Richtung Erde fliegt, taucht auch sein Schatten wieder auf. Das bedeutet, selbst wenn das Ausführen negativer Handlungen kurzfristig Wohlergehen bringt, die Konsequenzen dieser Handlungen werden uns über kurz oder lang einholen.

Sind wir uns der Beziehung zwischen Ursache und Wirkung bewusst, glauben aber, ein bestimmtes Verhalten, Wort oder ein Gedanke sei harmlos und werde schon keinen Schaden anrichten, so irren wir. Mit dieser Haltung gewöhnen wir uns nur an immer mehr, wenn auch kleine negative Handlungen, die gleichwohl uns selbst wie anderen schaden – vergleichbar einem winzigen Feuerfunken, der einen ganzen Wald in Brand setzen kann. Denken wir dagegen, es hätte nur Sinn, herausragende und außergewöhnliche Taten zu vollbringen, nicht aber die vielen kleinen, weniger bedeutsamen, irren wir gleichfalls, denn so fehlt uns das Engagement für die wirklich großen Taten. Wir sollten also stetig viele kleine gute Handlungen (Karma) ausführen, sodass wir am Ende fähig werden, auch besondere Taten zu vollbringen – wie viele kleine Wassertropfen, die allmählich ein großes Gefäß füllen.

Missverständnisse bezüglich Karma

»Karma und die Praxis der Zufluchtnahme sind widersprüchlich.«

Als Buddhist nimmt man Zuflucht zu Buddha, der den spirituellen Pfad aufzeigt, den Lehren, die den Pfad beschreiben, und der Gemeinschaft, die unterstützt.

Wenn Buddhisten glauben, die Zufluchtsobjekte könnten uns schützen, ganz unabhängig von unseren Handlungen oder unserem Karma, liegen sie falsch. Buddhisten verstehen Buddha als Lehrer, der ihnen den Weg zum eigenen geistigen Frieden zeigt sowie die Methoden, die hierfür nötig sind. Dies bedeutet Zufluchtnahme zu Buddha. Wir geben dabei nicht einfach die gesamte Verantwortung für unser Leben an Buddha ab. Tatsächlich tragen wir selbst die Verantwortung für unser Leben und unsere Entscheidungen. Könnte Buddha allein für das Wohlergehen aller Wesen sorgen, wäre dies längst geschehen. Denn ausgestattet mit allesdurchdringendem Mitgefühl, ist er gleich liebevollen Eltern, die aus Fürsorge und Mitgefühl alles tun, um das Leben ihrer Kinder zu verbessern. Daher steht im Sutra *Zusammenfassung der Essenz der Lehren*:

»Buddhas waschen weder schlechte Taten mit Wasser ab,
Noch entfernen sie die Leiden der Wesen mit ihren Händen.
Obgleich ihre Verwirklichung nicht auf andere übertragen werden kann,
Befreien sie doch die Wesen mit der Lehre der friedvollen höchsten Wirklichkeit.«

»Karma ist vergleichbar einer Bank, in der gutes und schlechtes Kapital angelegt wird.«

Manche erkennen zwar grundsätzlich das Prinzip von Ursache und Wirkung an, gehen aber davon aus, dass angenehme oder schwierige Lebensumstände ausschließlich das Ergebnis vergangenen Karmas seien. Doch auch diese Auffassung ist nicht korrekt. Denn geschähe alles aufgrund vergangenen Karmas, wäre es zum Beispiel völlig sinnlos, Vorbereitungen für das heutige Abendessen zu treffen; die Mahlzeit müsste ohne jedes eigene Zutun ganz natürlich auf dem Tisch erscheinen. Wir sind aber auf gegenwärtige Bemühungen angewiesen, damit sich in Zukunft etwas ereignen kann. Vergangenes Karma allein reicht nicht aus.

»Alles kann durch gegenwärtige Anstrengungen erreicht werden.«

Wieder andere sagen, wer denke, die Dinge seien von vergangenem Karma abhängig, dem fehle es an Selbstbewusstsein und Selbstvertrauen. Dies stimmt nicht ganz mit den Tatsachen des Lebens überein. Zweifelsohne benötigen wir Selbstbewusstsein und Selbstvertrauen, doch wenn wir die gegebenen Realitäten ignorieren, wandeln sich beide Qualitäten schnell in Arroganz und Selbstüberschätzung. Die Ansicht, alles aus eigener Kraft erreichen zu können, ist nicht zuletzt einer der Hauptgründe für den eigentlichen Verlust von Selbstbewusstsein und Selbstvertrauen.

Fassen wir die zwei letzten Punkte zusammen, können wir sagen, dass sowohl der ausschließliche Bezug auf vergangenes Karma als auch der Fokus auf die eigenen Anstrengungen das rechte Verständnis von Karma verfehlen.

Klassifizierungen von Karma

Wir sprechen von drei Arten von Karma: Karma des Körpers, der Sprache und des Geistes, zusammengefasst als unser Verhalten. In jeder Gesellschaft gibt es Einteilungen in gut, schlecht und neutral. Was wir dabei jeweils als *gut*, *schlecht* oder *neutral* annehmen, ist abhängig von unserer Umgebung und entspricht der religiösen Tradition einer Gesellschaft, ihrer Kultur, Gebräuchen und Gewohnheiten. Ein Beispiel: In Indien betrachtet man Essen mit Fingern als gutes Benehmen, während es im Westen als schlechtes gilt. In Japan ist das deutliche Aufstoßen nach dem Essen eine höfliche Geste und drückt aus, dass das Mahl köstlich war – ganz im Unterschied zum Westen. Es ist deshalb wichtig, die Umgangsformen und Werte der jeweiligen Kultur zu kennen, um sich angemessen und richtig verhalten zu können.

Analog der Klassifizierung von positivem, negativem oder neutralem Karma werden in Religion und Philosophie Handlungen auch in tugendhafte, nicht tugendhafte und neutrale unterteilt. Doch was verstehen wir unter positivem, negativem und neutralem Karma? Vereinfacht können wir sagen: Gute Handlungen bewirken ein positives Resultat; schädliches Tun führt zu negativen Resultaten, und Handlungen, die ein unbestimmtes Resultat erzielen, werden als neutral betrachtet. Buddha lehrte außerdem drei Arten von Handlungen, die wir aufgeben sollten: (1) Handlungen, die aus sich heraus schädlich sind; (2) Handlungen, die mehr schlechte als gute Qualitäten hervorbringen; (3) Handlungen, die innerhalb einer bestimmten Gesellschaft als negativ betrachtet werden.

Der sichtbare Ausdruck von Karma

Sichtbarer Ausdruck von Karma bedeutet das In-Erscheinung-Treten unseres Verhaltens. In vielen Fällen erscheinen die Handlungen von Körper und Sprache nach außen hin zwar positiv, entpuppen sich aber als negativ, weil die zugrunde liegende Geisteshaltung negativ ist, während manche Handlungen zwar negativ scheinen, doch in Wahrheit heilsam sind, da ihre eigentliche Absicht positiv ist. Wenn sich eine Mutter zum Wohl ihres Kindes wütend zeigt und strenge Worte spricht, erweckt sie einen negativen Eindruck. Doch wenn sich das Kind die Worte zu Herzen nimmt, hilft sie ihm auf lange Sicht. Im Gegensatz dazu gibt es Menschen, die zwar freundlich und sanft sprechen, doch nur, um andere zu täuschen, während sie in Wirklichkeit betrogen werden.

Das Gesetz von Karma anerkennen

Viele Leute glauben, Karma anzuerkennen bedeute, vergangene und zukünftige Leben zu akzeptieren. Aus meiner Sicht ist dies nicht unbedingt notwendig. Zwar sind vergangene und künftige Existenzen tatsächlich eines der wichtigsten Grundmerkmale, doch sie bilden nur einen Aspekt von Karma und nicht dessen essenzielle Natur.

Um die Grenzlinie zwischen Akzeptanz und Nichtakzeptanz von Karma zu bestimmen, sollten wir prüfen, ob wir seine Grundnatur anerkennen können oder nicht. Es gibt viele, die vergangene und künftige Leben nicht akzeptieren und trotzdem die Natur von Karma verstehen, dass also unsere Handlungen von Körper, Sprache und Geist entsprechende Resultate hervorbringen. Ob wir die Grundlagen von Karma anerkennen oder nicht, können wir mithilfe der gültigen Schlussfolgerung herausfinden.

Wenn zum Beispiel jemand der Überzeugung ist, dass wir für einen guten Job eine gute Ausbildung brauchen, bedeutet das, dass diese Person Karma akzeptiert. So gesehen akzeptiert auch jeder Student, der gewissenhaft sein Fach studiert, um Lehrer, Arzt oder Ingenieur zu werden, Karma. Es lag in der Absicht Buddhas, den Karma-Gedanken grundlegend verständlich und akzeptierbar zu machen, auch ohne Annahme vergangener und künftiger Existenzen. Die Hintergründe hierfür sind folgende:

Buddha unterteilte die Folgen unserer Handlungen in drei Arten: (1) Karma, dessen Wirkungen in diesem Leben spürbar werden; (2) Karma, dessen Resultat im nächsten Leben erfahren wird; (3) Karma, dessen Ergebnis in einem oder mehreren folgenden Leben zum Vorschein kommt. Der erste Punkt bezieht sich auf die Relation von Handlungen des gegenwärtigen Lebens und deren Auswirkungen, die noch innerhalb dieser Existenz heranreifen. Akzeptieren wir diese, brauchen wir uns keine Gedanken über ein nächstes oder mehrere nächste Leben machen. Als Lehrer, der die vielfältigen Ziele der Wesen im Blick behielt, lehrte Buddha auch für Menschen, die nur in diesem Leben nach Glück suchen, einen Weg. Er zeigte Methoden, wie wir unsere Aktivitäten so ausführen können, dass wir Glück und Frieden erfahren und damit unser Handeln positiv transformieren. All das gehört zu den weltlichen Belehrungen Buddhas und beruht auf dem Prinzip von Ursache und Wirkung für diese Existenz. Für diejenigen, die ein spirituelles Ziel oder die Erleuchtung anstreben, vermittelte er den spirituellen Dharma.

Für ein allgemeines Verständnis von Karma muss man also nicht unbedingt religiös oder Buddhist sein. Doch um Buddhist zu sein, sollten wir die Handlungen vergangener und künftiger Leben anerkennen. Der Kern dabei ist, dass Karma, also all unser Tun, die Wurzel unseres Glücks bildet und auf seiner Basis die Absichten und Ziele der Wesen erfüllt werden können.

L

LERNEN

Was ist Lernen?

Was mich veranlasst hat, über Lernen zu sprechen, wurzelt in meinem langjährigen Studium der buddhistischen Lehren und meinen zahlreichen Begegnungen mit Menschen ganz unterschiedlicher gesellschaftlicher Klassen und Kulturen. Dies bot mir mannigfache Gelegenheiten, das Thema aus verschiedensten Perspektiven zu betrachten.

Einstellung zum Lernen

Die wichtigste Voraussetzung für erfolgreiches Lernen ist ein offener Geist. Wenn wir zu sehr an unserer eigenen Sichtweise, Kultur und Tradition festhalten, hindern wir uns selbst daran, unsere Erfahrungen und unseren Wissensschatz um viele zusätzliche wahre Gegebenheiten zu erweitern. So mögen wir zwar in unseren eigenen begrenzten Gebieten sehr patent und gewissenhaft sein, doch ob wir die Gesamtheit aller Aspekte eines Themas wirklich erfassen, bleibt fraglich. Besonders wenn wir versuchen, mittels unkritisch übernommener Konzepte Lehrstoffe zu beurteilen, können darin eingebettete Fehler es erschweren zu erkennen, was davon wir annehmen oder besser ablehnen sollten. Umfassendes Wissen demgegenüber hilft uns, Fehler zu entdecken und Missverständnisse zu klären.

Als Schüler und Lernende sollten wir darum jedes Fach und jeden Wissensbereich so umfassend wie möglich studieren und uns ausschließlich auf logische, nachvollziehbare Beweisführungen stützen. Dieser Punkt ist zentral. Jedes Wissensgebiet wie auch die verschiedenen Wissensansätze benötigen ein solches Fundament der Logik. So sollten wir beispielsweise Fächer, die sich mit Geschichte oder Kultur befassen, daraufhin untersuchen, ob sie wirklich wahr sind oder nicht und in welchem kontextuellen Zusammenhang sie stehen. Das setzt Offenheit voraus und ist besonders auch beim Studieren buddhistischer Texte wichtig. Der Buddha sagte im *Sutra Zusammenfassung der Essenz der Weisheit*: *»Mönche und Gelehrte, in gleicher Weise, wie Gold sorgfältig geprüft wird, indem wir es erhitzen, zerschneiden oder reiben, so untersucht auch meine Worte, und überprüft gewissenhaft, was davon anzunehmen ist.«* Damit hob er die essenzielle Bedeutung des eigenständigen Untersuchens hervor.

Lopön Aryadeva, ein indischer Gelehrter aus dem 3. Jahrhundert nach Christus sowie Schüler von Nagarjuna, lehrte außerdem:

»Ein redlicher Geist ermöglicht dem gewissenhaften Zuhörer ein klares Verständnis.«

Lernen im Alltag

Für erfolgreiches Lernen benötigen wir folgende Aspekte:

- **Gute Motivation**
- **Eigene Lernmethoden entwickeln**
- **Die generelle Bedeutung eines Lernstoffs verstehen**
- **Meditation als Erinnerungsstütze**

Gute Motivation

Offenheit und Unvoreingenommenheit sind, wie bereits erwähnt, Grundvoraussetzungen für gelingendes und nachhaltiges Lernen. Im Buddhismus nun kommt noch die grundlegende Intention hinzu, durch das Gelernte *allen* Wesen zu helfen. Es gibt Menschen, die diese Einstellung akzeptieren können, andere dagegen nicht. Ausschlaggebend in jedem Fall ist die Motivation, mithilfe unserer Studien im Leben positiv voranzuschreiten. Ich erwähne diesen Aspekt, weil diese Art der Motivation uns mehr nützt als der Wettstreit mit anderen. Weltweit stehen unsere Schüler stark unter dem Einfluss des Konkurrenzdenkens; und Konkurrenz scheint der primäre Antrieb ihres Lernens zu sein. Wenn aber allgemein der Wunsch vorherrscht, sich gegen andere durchzusetzen, kann nur bei wenigen die Absicht entstehen, mit ihrem Lernen eine konstruktive Basis für das eigene Leben zu schaffen. Doch genau diese Sichtweise sollten wir viel stärker in den Vordergrund rücken. In unserer modernen Welt ist es inzwischen kaum noch vorstellbar, ohne Computer auszukommen. Schüler sollten sich also mit dem Computer auseinandersetzen und ihn nutzen, aber nicht, um zu lernen, wie sie ihre Mitschüler am besten übertrumpfen oder übervorteilen, sondern damit sie später ihr gesammeltes Wissen sinnvoll einsetzen können. Die beste Begründung für Lernen ist immer noch die Notwendigkeit und Anwendbarkeit von Wissen im täglichen Leben; es braucht, meiner Ansicht nach, nicht die Triebfeder des Wettbewerbs. Das Interesse am Lernstoff wächst ganz von selbst, und den Studierenden wird es leichtfallen zu lernen. Mehr über die Themen Konkurrenzdenken und Wettbewerb erfahren Sie in Kapitel *W – Wettbewerb*.

Wenn wir also Konkurrenzdenken in den Vordergrund rücken, übergehen wir den wesentlichen Punkt von Wissen, nämlich für unser Leben unentbehrlich zu sein. Wettbewerb benutzt Angst als Motor, während die Brücke zu unserem täglichen Leben echtes Interesse und Freude als Antrieb weckt. Unter dem Druck durch Konkurrenz fällt Lernen sehr viel schwerer. Sind wir angespannt, können wir uns oft nur für kurze Zeit konzentrieren, interessiert uns dagegen, was wir lernen, können wir mühelos und lange Zeit über unseren Büchern sitzen.

Ist es unser Ziel, andere zu übertreffen oder zu verdrängen, mögen wir denken: »*Der XY wird bestimmt dieses eine Kapitel auch durcharbeiten; wenn ich das dann nicht kann, wird er besser abschneiden als ich.*« Solche Gedanken sind voller Selbstzweifel und Ängste und verhindern, inneren Frieden beim Lernen zu erfahren. Werden wir von klein auf so konditioniert, ist es nicht leicht für uns, einen gesunden Charakter zu entwickeln.

Anspannung und Unsicherheit verhindern zudem, dass wir den Lehrstoff langfristig im Gedächtnis bewahren. Ein offener und entspannter Geist dagegen kann Wissen langfristig abspeichern und sich mühelos erinnern.

In meinem Fall war der Tag, an dem die Ergebnisse meiner ersten Prüfung an der monastischen Universität bekannt gegeben wurden, der Tag, vor dem ich mich am meisten gefürchtet habe. Ich hatte unglaubliche Angst durchzufallen. Als ich dann überraschend den zweiten Platz erhielt, war ich überglücklich. Danach wollte ich stets unter den Klassenbesten sein, verlor aber gleichzeitig das Interesse an der praktischen Anwendbarkeit unseres Lernstoffs. So wurde ich im zweiten Studienjahr erneut Zweitbester und erhielt sogar eine Auszeichnung. Im dritten Jahr allerdings beschlich mich das Gefühl, dass doch eine erhebliche Kluft entstanden war zwischen meinem Streben nach Auszeichnung und einem sinnvollen Lernen im Hinblick auf mein Leben als Mönch und künftigen Lehrer. Ich schnitt zwar immer noch sehr gut bei allen Prüfungen ab, aber bezüglich meines eigentlichen Wissens wurde ich zunehmend unzufriedener. Als mir das so richtig bewusst wurde, gab ich meinen Fokus auf eine gute Platzierung auf und begann, mich auf das zu konzentrieren, was für meine späteren Aufgaben im Leben von wirklicher Bedeutung war.

Ich machte ab da eine neue, für mich besondere Erfahrung, nämlich ein Thema von Anfang bis Ende vollständig durchzuarbeiten, statt nur das herauszupicken, was für die nächste Prüfung relevant war. Dadurch gewann ich sowohl ganz allgemein als auch im Detail ein tieferes Verständnis der Inhalte. Ich entwickelte zudem Freude daran, auch während meiner freien Zeit mehr zu lesen und zu studieren. So war ich zwar nicht mehr in der üblichen Platzierung und schaffte es nicht mal mehr unter die ersten zehn, doch ich war glücklich, endlich mit dem Lernen richtig begonnen zu haben. Die schlechteren Prüfungsergebnisse störten mich kaum, und es belastete mich auch nicht, dass meine Art zu studieren in den Augen meiner Kommilitonen als nicht besonders erfolgreich angesehen war.

Diese Veränderung in meinem Denken behielt ich langfristig bei. Und bereits im vierten Studienjahr verbesserten sich auch meine Ergebnisse wieder, sodass ich erneut unter den Klassenbesten war. Das machte mich zwar immer noch ein bisschen stolz, aber ich hatte nicht mehr das Gefühl, dass das erhaltene Zertifikat meinen Lernerfolg ausreichend dokumentierte. Ich möchte damit nun nicht sagen, dass Prüfungen an sich falsch wären. Da sie weltweit von den meisten Bildungsinstitutionen genutzt werden, um das Wissen der Schüler einzuschätzen, sind sie natürlich wichtig. Was ich hier aber doch vermitteln möchte, ist, dass Schüler ganz sicher einen Fehler machen, wenn sie in erster Linie danach streben, der oder die Klassenbeste zu sein, ohne gleichzeitig einen Bezug zwischen dem Gelernten und ihrem eigenen Leben herzustellen.

Viele Schulen prüfen die verschiedenen Fächer mittels althergebrachter Regeln und lassen dabei die psychischen wie gesellschaftlichen Umstände, in denen ihre Schüler leben, außer Acht. Die Verantwortlichen aber sollten genau diese Punkte wie auch den Wandel der Zeit berücksichtigen, damit sie ihre Prüfungen auch wirklich zeitgemäß gestalten können.

Eigene Lernmethoden entwickeln

Ich denke, für jeden von uns ist es wichtig herauszufinden, wie wir am besten lernen. Unsere Ansätze mögen dann nicht ganz mit denen übereinstimmen, die uns unsere Lehrer vermitteln, doch sie entsprechen unserer individuellen Art und Weise des Lernens. Als Grundlage dienen natürlich unsere bisherigen Lernerfahrungen; sie helfen uns, Wissen einfacher aufzunehmen, und berücksichtigen unsere jeweiligen psychischen Gegebenheiten.

Die generelle Bedeutung eines Lernstoffs verstehen

Um die generelle Bedeutung zu erfassen, gibt es zwei Methoden: Mit der einen versuchen wir zunächst, einen Überblick zu gewinnen, um uns anschließend detailliert mit einzelnen Punkten auseinanderzusetzen. Die andere Methode ist, alles von Anfang bis Ende durchzuarbeiten, um danach die Hauptpunkte herauszudestillieren. Doch unabhängig davon, wie wir es angehen, das Wichtigste ist, zunächst ein grundsätzliches Verständnis des Stoffs zu erlangen. Sobald wir das haben, können wir das Gelernte auch behalten und jederzeit hervorholen: sei es die Essenz eines Lernstoffes, dessen Charakteristiken, Unterteilungen, Bedeutungen und so fort. Es ist dabei äußerst hilfreich, sich beim Lernen die wesentlichen Punkte zu notieren. Das Gelernte wird dadurch übersichtlich und klar; haben wir dann unser Lehrbuch einmal nicht zur Hand und damit keine Möglichkeit, uns anhand von Textabschnitten, Bildern, Seitenangaben oder Graphiken zu orientieren, helfen uns unsere Notizen weiter, ohne dass wir zusätzliche Hilfsmittel brauchen. Das jedenfalls ist meine persönliche Erfahrung.

Meditation als Erinnerungsstütze

Dazu ist es wichtig, das, was wir lernen wollen, zunächst ein-, zweimal gut durchzulesen, das Buch oder Heft dann zu schließen und kurz zu meditieren. Das wesentliche Ziel dieser Meditation ist nicht, uns danach sofort an alles glasklar zu erinnern, und wenn nicht, zu glauben, wir hätten nichts verstanden. Wir sollten vielmehr in Ruhe abwarten und sehen, was von selbst wieder in unserem Gedächtnis erscheint. Wir können aber auch versuchen, uns bewusst nach der Meditation an so viel wie möglich zu erinnern. Mithilfe beider Methoden wird uns vieles nach und nach wieder einfallen. Lässt sich dennoch eine Wissenslücke partout nicht füllen, sollten wir uns auf das Vorherige und das Darauffolgende konzentrieren; meist schließen sich diese Lücken dann schnell wieder.

Die Erinnerungsmeditation setzt sich also aus *Entspannung* und *kurzem Warten* zusammen, um das zuvor Gelesene von selbst ins Gedächtnis zu rufen und es dort zu verankern. Verbinden wir also Studium mit Meditation, können wir erstaunliche Lernergebnisse erzielen. Deshalb sollten wir, wollen wir ein umfassendes Verständnis unseres Lernstoffes erlangen, lesen, meditieren und Notizen machen miteinander kombinieren. Ob wir uns langfristig erinnern können oder nicht, hängt meiner Erfahrung nach stark davon ab, ob wir darüber meditiert haben.

Studienfächer

Zu den sogenannten fünf *größeren* Fächern innerhalb der Himalayakultur gehören Kunsthandwerk, Medizin, Grammatik, Logik und innere Wissenschaften wie buddhistische Philosophie. Astrologie, Poesie, Etymologie, Metrik und Schauspiel zählen zu den fünf *kleineren* Fächern. Mittlerweile sind durch die modernen Wissenschaften einige neue Fächer hinzugekommen wie Physik, Mathematik oder Maschinenbau. Doch ganz unabhängig davon, um welches Fach es sich handelt, es sollte die menschliche Natur auf der Basis von Liebe und Mitgefühl schützen, keinen Schaden verursachen und letztlich Frieden säen. Blicken wir auf Geschichte, Gesellschaft und die Wünsche der Menschen, wird deutlich, wie unerlässlich eine solche Ausrichtung ist. Deshalb benötigen wir weitere Fächer, nämlich solche, die damit mehr in Einklang stehen. Die meisten Dinge indes, die wir lernen, tun dies nicht und sind im täglichen Leben selten praktisch anwendbar.

Ein wichtiger Aspekt jedes Studienfachs sollte auch der Schutz unserer Umwelt sein. Derzeit rechtfertigen noch viel zu viele Studien das Opfern von Natur und Umwelt zugunsten des sogenannten menschlichen Fortschritts. Es ist entmutigend, immer wieder zu hören, unsere Umwelt müsse teilweise zerstört werden, damit sich unser menschliches Leben weiter verbessern könne. Auf lange Sicht wird dies den Gesellschaften nicht dienen. Das von uns Erlernte sollte vielmehr geistiges Wohlbefinden und Glück erzeugen; erst damit gewinnt es echten Nutzen. Dessen ungeachtet wird während des Studiums der allermeisten Fächer nicht darauf geachtet, ob die spätere Anwendung des Wissens auch tatsächlich Wohlbefinden und inneren Frieden schafft. Aus meiner Sicht sollte alles, was wir lernen, unsere innere Ruhe stärken, die Umwelt schützen, in Einklang stehen mit der heutigen Zeit und letzten Endes den Frieden in der Welt fördern.

M

MEDITATION

Was ist Meditation?

Meist wird das tibetische Wort *gom* mit *Meditation* übersetzt. Die Bedeutung des Begriffs *gom* jedoch ist äußerst umfassend und schließt Aspekte wie *Gewöhnung*, *meditative Ausgeglichenheit* oder *meditative Versenkung* mit ein. Ich möchte hier aber vor allem Meditation oder *gom* im Sinne von *Gewöhnung* oder *sich mit etwas vertraut machen* behandeln. Und selbst dieser Fokus geht noch weit über die mehr generelle Definition von Meditation als ruhiges Sitzen mit eins gerichtetem Bewusstsein hinaus, was lediglich ein Aspekt von *gom* ist. Denn auch während wir gehen, essen, schlafen beziehungsweise bei allem, was wir tun, haben wir die Möglichkeit, uns mit etwas vertraut zu machen. Meditation oder *gom* hat also eine äußerst vielschichtige Bedeutung.

An vieles haben wir uns bereits gewöhnt, wie zum Beispiel die gesellschaftlichen Gegebenheiten und Gesetze unseres Landes, an bestimmte kulturelle Gepflogenheiten oder an unser individuelles Ess- und Schlafverhalten. Dabei gibt es immer auch Gewohnheiten, die schädlich für uns oder andere sind. Und genau diese negativen Gewohnheiten durch positive zu ersetzen ist Teil von *gom*. Es geht grundlegend um eine Wandlung hin zum Besseren. Das Gegenmittel für Egoismus beispielsweise ist Uneigennützigkeit; das Gegenmittel für die Absicht, anderen zu schaden, ist der Wunsch zu helfen; das Gegenmittel für Geiz ist Freigebigkeit; für Unachtsamkeit Achtsamkeit; für Wut Geduld und für Ablenkung meditative Versenkung. Mit all diesen Gegenmitteln sollten wir allmählich vertraut werden.

Um diese Auslegung von Meditation allgemein verständlich zu machen, nehme ich die buddhistischen Lehren zwar als Grundlage, versuche aber gleichzeitig, einen Bezug zum täglichen Leben herzustellen. Als Erstes mögen wir uns fragen, ob wir auf der Grundlage einer bestimmten Sicht meditieren sollen. Wollen wir zunächst nur unsere unheilsamen Emotionen durch Befriedung unseres Geistes überwinden, ist unsere Sicht noch nicht wirklich entscheidend. Möchten wir aber unsere unheilsamen Emotionen mittels entsprechender Gegenmittel überwinden oder unseren Geist in seinem natürlichen Zustand belassen und Wohlbefinden erfahren, ist eine richtige und fehlerfreie Sichtweise unerlässlich. Meditation, die sich auf Sicht stützt, ist zwangsläufig auch mit einer bestimmten geistigen Einstellung verbunden. Dadurch aber wird unser Geist nicht ganz so klar und ungetrübt ruhen, wie wenn er frei von Gedanken wäre. Eine Meditation ohne Sichtweise wiederum vermag zwar unheilsame Emotionen zurückzudrängen, nicht aber sie zu überwinden, da ihr der geistige Ansatzpunkt fehlt.

Deshalb ist die richtige Sicht doch wichtig, denn mit ihr zu meditieren ist, als ob man über gesunde Augen und die richtige Adresse verfügt. Weiß ein Meditierender genau, wie er zu meditieren hat, werden seine Zweifel schwinden, und er entwickelt Vertrauen in seine Praxis. Unsere Sicht muss also klar und rein sein, sonst können sich weder unsere positiven Aspekte entwickeln noch unsere negativen Emotionen verringern. Gründet unsere Meditation auf einer falschen Sicht, ist dies vergleichbar einer falschen Adresse, die uns vom Ziel abbringt, oder blinden Augen, aufgrund derer wir den verkehrten Weg einschlagen. Verlieren wir in der Meditation die Orientierung, können wir unser Ziel, inneren Frieden, nicht erreichen. Was also ist die rechte Sicht? Eine Sicht, welche die Wirklichkeit so erkennt, wie sie ist. Meditation nun, die auf klarer Sicht beruht, gibt uns Orientierung und zugleich Zuversicht. Dadurch wird unser Meditieren wirkungsvoller, wir erreichen schneller unser Ziel und finden müheloser zu innerem Frieden.

Wenn wir nun spezifischer auf die Meditationsformen des tibetischen Buddhismus eingehen, bei denen wir auch über Gottheiten meditieren, stellt sich die Frage, weshalb wir dies tun. Häufig sind wir ja aufgrund der Gegebenheiten innerhalb unserer Gesellschaft, unserer Arbeit, aber auch aufgrund unserer eigenen Ansichten und Konzepte frustriert oder angespannt und verspüren einen starken inneren Druck. Halten wir diesem Druck mental nicht mehr stand, werden wir ärgerlich, entwickeln allerlei Begehrlichkeiten, reagieren eifersüchtig und so fort. Die Meditation über Gottheiten hilft uns, Kontrolle über unsere weltlichen Wahrnehmungen zu gewinnen, Vorurteile zu überwinden und ganz allgemein besser mit ihnen umgehen zu lernen. Mithilfe der verschiedenen Visualisierungen können wir unsere eigenen, nicht selten wirklichkeitsfernen Ansichten oder fehlerhafte Aspekte unserer Sicht bereinigen. Als Folge der Übung werden wir Qualitäten besser erkennen, unseren Blickwinkel erweitern und falsche Ansichten berichtigen. Je reiner unsere Wahrnehmung wird, desto mehr inneren Frieden und allgemeines Wohlbefinden werden wir erfahren.

Der erste Schritt in der Meditation über Gottheiten (*Gottheiten-Yoga*) ist, alle Erscheinungen ohne Bewertung wahrzunehmen, also urteilsfrei zu sehen, zu hören, zu spüren, zu riechen und zu berühren. Dadurch nimmt unsere Tendenz ab, in allem und jedem Fehler zu suchen, und wir beginnen, die Dinge ohne Wertung so zu sehen, wie sie sind. In einem zweiten Schritt geht es darum, diesen Prozess zu stabilisieren. Mit Fortschreiten unserer Meditation wird uns letztlich alles rein erscheinen, ohne dass wir noch bewusst meditieren müssten. Auf diese Weise erfahren wir langfristig Glück.

Eine nächste Frage nun könnte sein, ob Meditation unbedingt frei von begrifflichem Denken sein müsse? Das muss sie natürlich nicht, denn es gibt viele nützliche Gedanken. Deshalb wenden wir sie bei einigen Meditationsformen ganz bewusst an. In den Meditationen, die das Denken bewusst einbeziehen, sollen vor allem unheilsame Gedanken überwunden und durch heilsame ersetzt werden. Zuweilen bedienen wir uns hierfür der Kontemplation über Mitgefühl.

Daneben gibt es zwei Arten von Meditation ohne begriffliches Denken: Mithilfe der einen Methode unterbrechen wir willentlich unseren Gedankenstrom; mittels der anderen lassen wir die Gedanken von selbst zur Ruhe kommen. Wenn wir die erste Form praktizieren, untersuchen wir nicht, womit sich unser Geist gerade beschäftigt. Stattdessen bringen wir alle konzeptuellen Gedanken, ob schön oder hässlich, gut oder schlecht, in einem Moment zum Stillstand. Diese Methode wird gerne von Neurologen und Psychologen angewandt, da sie sehr wirkungsvoll ist bei mentaler Unausgeglichenheit oder bei Menschen, die unter starkem Druck und hohen Anforderungen stehen.

Lassen Sie uns ein wenig tiefer gehen und die zweite Art, die Meditation des ruhigen Verweilens, genauer betrachten: Erfahrungsgemäß gelingt es uns nicht oder nur sehr selten, unseren Geist in seinem eigentlichen, natürlichen Zustand ruhen zu lassen. Seine Essenz – Weisheit, leuchtende Klarheit und Mitgefühl – ist normalerweise schwer erkennbar. Kommt die Natur unseres Geistes dann zum Vorschein, ruht unser Bewusstsein im Zustand von Weisheit, die uns die Phänomene unmittelbar wahrnehmen lässt. Gleichzeitig erscheinen die Qualitäten von Mitgefühl und leuchtender Klarheit. Gelingt es uns, wenn auch nur kurz, in diesen Zustand einzutreten, sollten wir versuchen, ihn mit der Zeit länger aufrechtzuerhalten. Erkennen wir die Dinge erst einmal so, wie sie sind, müssen wir Gedankengänge nicht mehr willentlich zum Stillstand bringen, weil sie sich von ganz alleine auflösen. Dies ist die Meditation, in der die Gedanken von selbst zur Ruhe kommen.

Tauchen dennoch Gedanken auf, die zwischen gut oder schlecht, schön oder hässlich unterscheiden, sollten wir diese mentalen Konstrukte genau untersuchen. Wir werden schnell erkennen, dass alle unsere Wertungen auf Gewohnheiten basieren, seien sie kulturell, religiös oder persönlich, doch das Beurteilte an sich weder gut noch schlecht ist. Im Buddhismus wird dies als *Leerheit* bezeichnet. Erkennen wir, dass die Natur aller Dinge frei von eigenständiger Existenz ist, schwinden die konzeptionellen Gedanken ganz von selbst. Diese Art der Meditation bringt die Ur-Qualitäten unseres Geistes, nämlich Glückseligkeit und Klarheit, zum Vorschein. Sie kann uns in Phasen von Niedergeschlagenheit, Enttäuschung, Stress oder Müdigkeit helfen.

Meditation im Alltag

Wir sollten grundsätzlich wissen, wann und warum wir meditieren. Als ich zum Beispiel 2010 zum ersten Mal nach Deutschland kam, um meinen Dokumentarfilm vorzustellen, besuchte ich innerhalb von zwei Wochen über 20 Städte.

Alles lief nach einem strikten Zeitplan; wir mussten die Fahrzeiten der Züge beachten und manchmal innerhalb von genau sieben Minuten umsteigen; Frage-Antwort-Runden mussten innerhalb von 20 Minuten beendet werden. Ich dachte, dass ich dies alles nicht bewältigen könne. Schon darüber nachzudenken, wo wir wann sein werden, fand ich belastend. Diese Zeitpläne fühlten sich an wie Fesseln; ich war nicht gewohnt, derart zu hetzen und Zeiten so genau zu beachten. Doch ich tat mein Bestes und stützte mich auf meine buddhistische Praxis. So ist es mir am Ende zunehmend gelungen, mich anzupassen. Und je mehr ich mich mit der neuen Situation vertraut machte, desto mehr verlor sich auch meine Anspannung.

Meditation ist darum weit mehr, als nur konzentriert zu sitzen. Sie ist ein Weg, uns mit dem Heilsamen vertraut zu machen und uns an Positives zu gewöhnen.

Wie wir meditieren

Da die Verbindung zwischen Körper und Geist sehr eng ist, sollten wir als Erstes auf die richtige Körperhaltung achten. Die buddhistischen Meditationstexte lehren, dass wir unsere Wirbelsäule aufrecht halten sollen, damit die physischen wie energetischen Bahnen gerade und ausgerichtet durch den Körper laufen können. Sind unsere Bahnen ausgerichtet, kann auch die innere Energie ungehindert fließen. Energien, die im Gleichgewicht sind, transportieren die Körperflüssigkeiten gleichmäßig durch unseren Organismus, und der Geist bleibt ruhig und klar. Die Ansicht, wir bräuchten nicht auf den Körper zu achten, da sich Meditation auf den Geist bezöge, zeigt, dass noch keine echte Meditationserfahrung vorhanden ist.

Die ideale Körperhaltung ist, auf dem Boden in halbem oder ganzem Lotussitz zu ruhen, unterstützt nur von einem dünnen Kissen. Beim halben Lotussitz ist das linke Bein angewinkelt und das rechte ausgestreckt. Beim vollen Lotussitz werden die Füße auf die Oberschenkel gelegt. Ist dies körperlich nicht möglich, können wir einen Stuhl nehmen, solange wir den Rücken aufrecht und gleichzeitig entspannt halten. Sind wir nämlich zu verkrampft, gerät das Zusammenspiel zwischen Bahnen, Energie und Blutfluss aus der Balance. Physische Anspannung verhindert geistige Konzentration und somit Meditation. Unsere Wirbelsäule sollte deshalb wie die Stange in der Mitte eines Zelts sein und unsere Arme daran so locker hängen wie ein Zeltstoff, der lose herabfällt. Sitzen wir richtig, können wir leicht über längere Zeit entspannt so bleiben.

Unser Geist nun sollte auf zwei Ebenen ruhen: in seinem natürlichen Zustand und in der meditativen Versenkung. Sind wir aufgeregt oder schläfrig oder neigen wir zu festgefahrenen Vorstellungen, sollten wir unseren Geist zunächst in seiner Natur ruhen lassen. Unser Geist wird sich nicht gleich meditativ versenken können, sondern gelegentlich wie ein Affe wild umherspringen. Wir können ihn nur nach und nach auf den richtigen Weg bringen, um schließlich zur eigentlichen Meditation zu gelangen. Dabei dürfen wir nicht zu streng mit uns sein: Nehmen wir uns vor, völlig wach und ohne feste Vorstellungen ruhig zu sitzen, stehen wir unter einer enormen Anspannung. Es ist fast unmöglich, ohne mentale Konstruktionen und Wahrnehmungen zu meditieren. Gelingt es uns aber nur eine Minute lang, unseren Geist in seiner Natur zu belassen, versenken wir uns bereits in einen meditativen Zustand, der Gewissheit bringt.

Nun zur eigentlichen Praxis der meditativen Versenkung oder des ruhigen Verweilens (Sanskrit *shamata*). Konzentrieren wir uns dabei auf ein Objekt, sollten wir alle Gedanken, die sich mit diesem Objekt beschäftigen, durchschneiden. Benutzen wir kein Objekt und meditieren ohne Fokus, sollten wir jede mentale Aktivität in Bezug auf die drei Zeiten zum Stillstand bringen. Was bedeutet das? Unser Geist beschäftigt sich normalerweise entweder mit Erinnerungen aus der Vergangenheit oder mit Plänen für die Zukunft, oder er ist beschäftigt mit der Gegenwart und überlegt, ob das, was gerade passiert, gut oder schlecht ist. Hier nun lassen wir die Gedanken einfach vorbeiziehen und kehren immer wieder in die meditative Versenkung zurück. Genau wie aufgewühltes Wasser, wenn es ruhig steht, von selbst klar wird, so klärt sich auch unser Geist, wenn er zur Ruhe kommt. Versuchen wir dagegen, verschmutztes Wasser durch Schütteln zu reinigen, wird es nur noch trüber. Auf gleiche Weise beruhigt sich auch unser Geist erst, wenn wir ihn nicht mehr durch Ablenkungen aufwühlen.

Meditationsdauer

Sind wir Anfänger, sollte die Dauer der Meditation an den Grad unserer Erfahrung und körperlichen wie psychischen Verfassung angepasst sein. Zwingen wir uns, länger zu meditieren, als wir eigentlich vermögen, werden wir von der Meditation wenig haben. Halten wir andererseits die Zeiteinheiten zu kurz, können wir mit der Meditation nicht wirklich vertraut werden. Gewinnen wir also schrittweise mehr Erfahrung, können wir die Zeitspanne schließlich so weit ausdehnen, wie uns beliebt. Anfänger sollten kürzere, dafür mehrere Sitzungen abhalten. Möchten wir insgesamt eine halbe Stunde meditieren, sollten wir fünf Minuten lang achtsam und konzentriert sitzen, dann eine Minute pausieren, erneut fünf Minuten sitzen und so fort, bis die dreißig Minuten erreicht sind. Je nachdem, wie sich unsere Meditation entwickelt, können wir die Meditationszeit allmählich verlängern und die Frequenz der Pausen verringern. Sind wir erfahrene Meditierende, werden wir drei oder vier Stunden am Stück meditieren können. Große Yogis und Meditationsmeister schließlich verweilen fortwährend in einem Zustand der Versenkung.

Umgang mit Gedanken

Ablenkende Gedanken können entweder durch direktes Eingreifen unterbrochen werden oder indem wir unseren Geist entspannen. Direktes Eingreifen bedeutet, den Geist wieder zu fokussieren, sobald uns bewusst wird, dass wir abgelenkt sind. Die Methode der Entspannung benutzen wir in Momenten, wo es nicht hilfreich ist, unseren Geist einzufangen. Wir sollten grundsätzlich möglichst geduldig und sanft mit uns umgehen. Geistig ähneln wir zuweilen kleinen Kindern. Kommen Gedanken auf, ermahnen wir uns zwar, sie nicht zu denken, doch unwillkürlich spinnen wir sie immer weiter. Versuchen wir schließlich, dies mit aller Macht zu unterbinden, entwickelt sich eine Art Wettrennen zwischen unseren Bemühungen und den hartnäckigen Gedanken. In dieser Phase ist es besser, die Gedanken so zu belassen, wie sie sind. Erkennen wir also, dass sich ein Gedanke partout nicht stoppen lässt und immer wieder aufsteigt, sollten wir ihm bewusst freien Lauf lassen und ihn beobachten. Denken wir an etwas, das nichts mit Meditation zu tun hat, nehmen wir dies zur Kenntnis, unterbrechen aber den Gedankengang nicht. Wir belassen ihn, wie er ist, und beobachten, wie er sich verändert. Lassen wir uns dabei emotional nicht beeinflussen, findet er ganz von selbst ein Ende. Denn alles, was beginnt, endet auch, und so brauchen wir im Grunde nichts weiter zu tun. Das ist wie bei einem jungen Hund, den man erst an der kurzen Leine führt und dann frei laufen lässt. Er wird wild herumtoben, doch nach einiger Zeit ermüden und entspannt zu uns zurückkehren.

Meditation eröffnet uns also einen Weg, unseren Geist besser kennenzulernen, uns mit seinen positiven Aspekten vertraut zu machen und ihn zu trainieren. Dadurch lernen wir, inmitten unseres täglichen Lebens und schließlich in jedem Augenblick bewusster und achtsamer zu sein.

N

NATUR (DER PHÄNOMENE)

Was ist die Natur der Phänomene?

Denken wir an Natur, erscheint vor unserem inneren Auge vermutlich als Erstes die äußere Natur in ihrer ganzen Vielfalt. Gleichzeitig beinhaltet *Natur* aber noch einen zweiten, inneren Aspekt: die *Natur der Phänomene*. Hier möchte ich mich nun vor allem mit diesem zweiten Aspekt befassen.

Das, was wir *Natur der Phänomene* nennen, darf in religiösen Texten weder verändert noch im Rahmen wissenschaftlicher Experimente durch Erwartungen und Vorannahmen von Forschern beeinflusst werden. Sie darf außerdem weder im Namen von Kultur manipuliert noch mit lokalen Gepflogenheiten vermengt werden. Persönliche Gedanken, Ansichten und Erfahrungen sollten unseren Blick auf die Natur der Dinge nicht beeinträchtigen. Vermengen wir gleichwohl persönliche Ansichten, gesellschaftliche Konventionen, wissenschaftliche Zwischenergebnisse oder religiöse Konzepte damit, können wir das, wovon dann gesprochen wird, nicht mehr als authentische, eigentliche Natur der Phänomene betrachten.

Wollen wir also die wahre Natur der Dinge untersuchen, sollten wir uns als Erstes vergewissern, dass wir nicht dem Einfluss unserer eigenen Vorstellungen unterliegen. Nehmen wir ein Beispiel: Wollen drei Blinde einen Elefanten beschreiben, berühren ihn aber an verschiedenen Körperteilen, werden sie drei äußerst unterschiedliche Wahrnehmungen erhalten. Berührt der erste den Rüssel, wird er den Eindruck haben, ein Elefant sei dünn und weich. Greift der zweite Blinde nach dem Bauch, mag er sich vorstellen, das Tier sei, einer Wand ähnlich, breit und flach. Berührt der dritte ein Bein, wird er vielleicht annehmen, ein Elefant sei hart und wie ein Pfeiler. So erlangt jeder seinen eigenen Eindruck, der mit den Eindrücken der anderen nicht übereinstimmt und zugleich den wirklichen Körperbau des Tieres nicht erfasst.

Unsere Sicht auf die Natur der Phänomene sollte nicht durch Glauben oder Tradition beeinflusst, sondern logisch belegt und begründet werden. Nehmen wir als Beispiel *Feuer*. Die Natur dieses Elements ist Hitze und Brennen. Die *Natur* oder Essenz von Feuer wird folglich nicht erschaffen, sondern gehört von jeher zu ihm. Anhand von Logik, analytischer Beweisführung und Beispielen können wir die grundlegende Beschaffenheit, die Umstände, die Erscheinung, die Funktion und die Charakteristiken eines Phänomens bestimmen.

Im Folgenden möchte ich darauf eingehen, auf welche Weise ein Phänomen in Erscheinung tritt und wie es essenziell beschaffen ist: Alles, was wir wahrnehmen, tritt durch *abhängiges Entstehen* in Erscheinung und besitzt keine letztendlich eigenständige Existenz. Dies wird im buddhistischen Kontext als *Leerheit* bezeichnet. Leerheit und abhängiges Entstehen mögen auf den ersten Blick widersprüchlich scheinen, doch tatsächlich sind sie komplementär. Nehmen wir einen Stift. Im Vergleich zu anderen Stiften können wir sagen, er sei groß oder klein, lang oder kurz, gut oder schlecht. Wenn wir diese Wertungen vornehmen, haben wir den Eindruck, sie beschreiben zweifelsfrei Aspekte des Stiftes an sich. Analysieren wir das nicht weiter, scheinen viele Dinge unserer Welt zunächst zuverlässig und gültig bestimmbar. Und so können wir über sie zahlreiche Erkenntnisse sammeln.

Natur im Alltag

Untersuchen wir die Dinge jedoch genauer und versuchen, bis ins letzte Detail vorzudringen, werden wir feststellen, dass Eigenschaften wie lang oder kurz nicht wirklich auffindbar sind. Gleichzeitig werden wir erkennen, dass sie auch keine in sich eigenständige, unabhängige Existenz besitzen.

Abhängiges Entstehen

Alles, was wir wahrnehmen, entsteht entweder aus einem *Ursache-Wirkung-Zusammenhang* oder *in Relation zu etwas anderem*. Eine dritte Option gibt es nicht. Nehmen wir einen

Apfel als Beispiel für die *kausale Beziehung*: Die Frucht des Apfels entwickelt sich aus seiner Blüte, der eine Knospe zugrunde liegt; die Knospe wiederum entsprießt einem Ast, der aus einem Stamm wächst, der sich seinerseits aus dem Samen eines verrotteten Apfels entwickelte. So gibt es verschiedene, aufeinanderfolgende Stufen im Heranreifen eines Apfels, die jeweils das entsprechende Resultat der vorangehenden Ursache hervorbringen. In gleicher Weise beruht auch das Wohlbefinden und Leiden aller Wesen auf zugrunde liegenden Ursachen. Nichts entsteht ohne sie und ohne entsprechende Umstände: ohne Ursache keine Wirkung. So können wir also weder Glück noch Wohlbefinden erfahren, solange wir nicht über die damit verbundenen Bedingungen verfügen. Gleichermaßen gibt es kein Leiden, das nicht auf damit verbundenen Ursachen ruht. Dieses Prinzip lässt sich auf alles übertragen, unsere Familie, die Gesellschaft und im Grunde unsere gesamte Umwelt.

Nun kommen wir zum *Entstehen in Relation zu etwas anderem*. Nehmen wir als Beispiel einen Blumenstrauß, der auf dem Tisch steht: Dass die Blumen dort stehen können, hängt von einer Vase ab, die wiederum als Grundlage des Tisches bedarf. Ohne Vase ständen die Blumen nicht hier, und ohne Tisch gäbe es keine Unterlage für die Vase. Doch diese Bedingungen stellen kein Entstehen dar, bei dem die Phänomene aus anderen hervorgehen und sich gegenseitig erzeugen. Hier entstehen die Phänomene in Beziehung zueinander, vergleichbar Zahlen. So hängt die Zahl Tausend von der

Hundert ab, die Hundert wiederum von der Zahl Zehn und die Zehn von der Eins. *Lang* kann es nur geben, wenn es ein *kurz* gibt. Für sich alleine, ohne Bezug, könnten wir *lang* oder *kurz* nicht bestimmen. Werden wir gefragt, ob ein Stift lang oder kurz ist, können wir nur antworten, wenn wir den Stift automatisch in ein Verhältnis zu anderen Stiften setzen.

So wie wir lang oder kurz in Relation zu vergleichbaren Dingen ableiten, bestimmen wir auch Eigenschaften wie leicht oder schwer, schnell oder langsam, schön oder hässlich, gut oder schlecht. Normalerweise ist uns dieser Ablauf nicht bewusst, und wir gehen davon aus, dass die Dinge aus sich selbst heraus lang oder kurz, dick oder dünn, angenehm oder unangenehm seien, und dass die Eigenschaften folglich den Objekten inhärent seien.

Zusammengefasst gibt es also nichts, das nicht entweder in Relation zu etwas anderem oder durch kausale Zusammenhänge entstünde. Folglich gibt es auch nichts, das völlig unabhängig von anderem und eigenständig wäre. Verstehen wir dies als die Natur aller Dinge, wird uns auch bewusst, dass wir für unser zukünftiges Glück genau jetzt die richtigen Ursachen schaffen können.

Leerheit

Das, was wir mittels unserer Sinne erfahren – als Formen, Laute, Gerüche, Geschmack, taktile Empfindungen – und wie wir es erfahren, aber auch wie wir Dinge benennen und definieren, beruht ausschließlich auf unseren eigenen mentalen Konstrukten, die zwar den Objekten ähneln, doch letztlich deren eigentliche Beschaffenheit nicht erfassen. Dies ist im Wesentlichen die Bedeutung von Leerheit. Diese Kluft nun zwischen der Art und Weise, wie die Phänomene erscheinen, und deren wahrer Daseinsform wird in Buddhismus und Wissenschaft vergleichbar beschrieben.

Der Buddhismus erklärt die teils große Divergenz anhand der Sicht der Leerheit. Durch stufenweise Analyse dieser Sicht wird nachvollziehbar, dass Eigenschaften wie kurz oder lang nicht inhärente Bestandteile der Objekte sind und dass ihre sichtbaren Formen nicht unabhängig und aus sich selbst heraus existieren. Selbst die wellen- und partikelartige Natur der kleinsten Bestandteile ist nicht endgültig als Eines oder Mehreres bestimmbar. Zusammengefasst ist also nichts, was uns als eigenständig, stabil, gleichbleibend und wahr erscheint, als solches zu finden. Die Leerheit ermöglicht uns also, das In-Erscheinung-Treten der Dinge mittels Kausalität und Relation klarer zu erfassen.

Übereinstimmungen mit der Wissenschaft

Bezogen auf die buddhistische Sicht des abhängigen Entstehens und die mehr westlichen Erkenntnisse zur Relativität sowie bei dem Begriff der Leerheit und entsprechenden Annahmen der modernen Physik gibt es offensichtliche Übereinstimmungen. Der deutsche Physiker Albert Einstein, der von 1879 bis 1955 lebte und die Relativitätstheorie maßgeblich bekannt machte, sagte einmal: *»Die Religion der*

Zukunft wird eine kosmische Religion sein; eine Religion, die auf Erfahrung aufgebaut ist und Dogmatismus ablehnt. Wenn es eine Religion gibt, die sich mit wissenschaftlichen Bedürfnissen vertragen kann, so wäre das der Buddhismus.«[10]

Die buddhistischen Erklärungen zum Entstehen in gegenseitiger Abhängigkeit wurden bereits lange vor Einstein dargelegt. Verfolgt man die Erläuterungen Einsteins zu den Relativitätstheorien, bekommt man den Eindruck, als wären sie ihm sehr wichtig. Ich persönlich glaube, dass er sich dabei auf die buddhistische Sicht des abhängigen Entstehens stützte. Dabei möchte ich nicht behaupten, er habe Ansichten vom Buddhismus übernommen. Was ich meine, ist, dass durch die Verbreitung der Theorien zur Relativität in den westlichen Ländern die ältere Sicht des abhängigen Entstehens an Einfluss gewann und schließlich anhand wissenschaftlicher Experimente und Modelle tiefgehend erläutert wurde. Wie dem auch sei, offensichtlich ist, dass Buddhas Lehre hierzu und die wissenschaftlichen Theorien zur Relativität eng verbunden sind und sich gegenseitig ergänzen. Die einzelnen Bezeichnungen unterscheiden sich zwar, doch wenn wir über Relativität sprechen, können wir das abhängige Entstehen nicht umgehen und umgekehrt.

Auch die Art der logischen Beweisführung zur Untersuchung von Leerheit und jene, welche innerhalb der Physik angewandt wird, sind eng miteinander verwandt. So wird die absolute Existenz grob materieller Phänomene widerlegt, sobald wir die atomare Ebene betrachten. Erforschen wir die subatomare Ebene genauer mit ihren Quantenobjekten mit ihren changierenden Welle-Teilchen-Eigenschaften, löst sich die Existenz der atomaren Ebene auf. Die Anwendung der Logik schließlich, die aufzeigt, dass selbst die Existenz der subtilsten Ebenen nicht festgelegt werden kann, ist in Buddhismus und Physik grundsätzlich die gleiche. Darüber hinaus besagt der Buddhismus, dass sowohl Wellen als auch Teilchen keine letztendlich eigenständige Existenz besitzen – was von der Wissenschaft jedoch bislang noch nicht offiziell vertreten wird.

Was bringt uns nun aber dieser Vergleich mit der Wissenschaft? Aus meiner Sicht können das Aufzeigen der Gemeinsamkeiten von abhängigem Entstehen und Relativität sowie die teils übereinstimmenden Erklärungen zu Leerheit und Quantenphysik mehr Interesse wecken an beiden Sichtweisen und zum Nachdenken ermuntern, wie wir dieses Wissen praktisch in unseren Alltag einbinden können.

Was kann uns ein Verständnis des abhängigen Entstehens nützen?

Wir sollten also nicht annehmen, die Sichtweise des abhängigen Entstehens sei eine spezifisch buddhistische, und sie deshalb beiseitelegen. Es ist ein Thema, das sowohl spirituelle als auch ganz praktisch irdische Komponenten beinhaltet. Erhalten wir mehr Wissen über Leerheit und abhängiges Entstehen als grundlegende Natur der Phänomene, eröffnet uns dies Möglichkeiten, die richtigen Methoden zu finden, um Glück und Wohlbefinden zu erfahren, sowie Leiden und Schwierigkeiten zu überwinden. Wir werden besser verstehen, wie sehr wir doch unserem eigenen Glück im Weg stehen, sobald wir anderen Menschen schaden in der Hoffnung, daraus Vorteile zu ziehen. Durch Verletzen anderer können wir niemals dauerhaft Wohlbefinden erlangen.

Die Erläuterungen zu abhängigem Entstehen und Leerheit sind vergleichbar den Erklärungen, die einem Kranken gegeben werden, um die Ursachen und Umstände seiner Krankheit zu verstehen. Kann er sie einsehen, wird er künftig wohl alles vermeiden, was die Krankheit hervorruft oder verstärkt. In gleicher Weise können wir die Ursachen für unser Leiden und unsere Schwierigkeiten im Leben vermeiden, wenn wir das stärken, was uns dauerhaft Glück und Wohlbefinden beschert. Werden wir zunehmend mit der Sicht des abhängigen Entstehens vertraut, können wir klarer erkennen, wie wir unser Leben besser gestalten, was wir vermeiden und was wir nähren sollten. Das tiefe Verstehen dieser Zusammenhänge lässt uns schließlich inneren Frieden erfahren. Deshalb lehrte Buddha als Erstes die grundlegende Sicht des abhängigen Entstehens als Fundament, um darauf die Lehre der Vier Edlen Wahrheiten zu bauen. Diese Vier Wahrheiten beinhalten zum einen die Ursachen und Resultate, die es zu vermeiden gilt, und zum anderen die Ursachen und Wirkungen, die wir entwickeln sollen. Das ergibt vier Punkte: (1) Leiden in all seinen Schattierungen wird beschrieben in der *Edlen Wahrheit des Leidens;* (2) die Ursachen dieses Leidens finden wir in der *Edlen Wahrheit der Quelle des Leidens*; (3) das Resultat, die Entwicklung eines Geisteszustands frei von Leid, wird in der *Edlen Wahrheit von der Beendigung des Leidens* dargelegt; und (4) die Ursache hierfür, die graduelle Entwicklung von Mitgefühl und Weisheit, finden wir in der *Edlen Wahrheit des Pfades*.

Was nützt uns ein Verständnis der Leerheit?

Die Quelle des Leidens, so lehrte Buddha, sind unsere negativen Emotionen, deren Wurzel wiederum unser begriffliches Denken ist. Das wirkungsvollste Mittel nun, dieses begriffliche Denken zu klären, ist die Sicht der Leerheit.

Ist uns also bewusst, dass sich ein Tisch aus zahllosen Atomen zusammensetzt, überwindet dieses Wissen unsere Annahme, der Tisch sei eine *eigenständige* Entität. Wenn wir zudem erfassen, dass Atome und sämtliche subatomaren Teilchen letztlich Energiefelder darstellen, befreit uns dies außerdem von der Überzeugung, sie seien *unabhängige* Einheiten. Und verstehen wir schließlich, dass auch diese Energiefelder keine inhärente Existenz besitzen, werden wir auch sie nicht mehr als tatsächlich eigenständig betrachten. Ab diesem Punkt erkennen wir, dass die wahre Daseinsform aller Phänomene – auf konventioneller Ebene – das abhängige Entstehen ist und sie – letztendlich betrachtet – ihrer wahren Natur nach leer sind. Dieses Erkennen bringt unsere begrifflichen Gedanken zum Stillstand und somit auch die Leid verursachenden Emotionen, die aus ihnen entstehen. Die

Erkenntnis der Leerheit ist folglich ein wirksamer Weg, unsere negativen Emotionen zu überwinden.

Das Verständnis der letztendlich leeren Natur aller Phänomene ist also keine Art religiöser Glaube, sondern beruht auf klarer Erkenntnis und Logik und damit auf Weisheit. Aber selbst wenn wir diese Einsicht haben, verlieren wir sie doch nur allzu oft im Trubel des Alltags aus dem Blick. Durch regelmäßige Praxis jedoch können wir einen Zustand erreichen, in dem unsere Erkenntnis der Leerheit unumstößlich wird. Und um diese Weisheit schließlich dauerhaft mit den Funktionen unseres Gehirns zu verbinden, müssen wir meditieren. Was Meditation ist und wie wir meditieren können, wird in Kapitel *M – Meditation* näher erklärt.

O

OFFENHEIT DES HERZENS

Was ist Offenheit?

Ich möchte hier hauptsächlich über die *Offenheit des Herzens* sprechen, für die es im Tibetischen eigentlich keine direkte Übersetzung gibt. Wir würden eher von einem *weiten Herz* sprechen, was letztlich das Gleiche bedeutet.

Was aber meint *Offenheit*? Es bedeutet, Verständnis und Akzeptanz für Andersdenkende wie Andersseiende zu haben und nicht allzu starr auf seinen eigenen Gedanken und Ansichten zu beharren. Sind wir generell Menschen oder unterschiedlichen Lebenssituationen gegenüber offen, fühlen wir uns weniger schnell verletzt, wenn sie unseren Vorstellungen nicht entsprechen und brauchen nicht übersensibel zu reagieren. Menschen mit offenem Herzen können sich jederzeit und an jedem Ort wohlfühlen und dann ist es auch für andere angenehm, mit ihnen zusammen zu sein. Sind wir wirklich offen, können wir uns mit jedem gut unterhalten und interessante Gespräche führen.

Aus buddhistischer Sicht ist eine entspannte Geisteshaltung ein wesentlicher Teil der täglichen Praxis. Offenheit entwickelt sich durch Übung und basiert auf einem Verständnis der Leerheit. Mehr über das Thema Leerheit erfahren Sie in Kapitel *N – Natur (der Phänomene)*.

Dabei lösen wir nicht nur negative Gedankengänge auf, sondern auch positive, da sie ebenfalls einseitig sind, auf Dualität beruhen und letztendlich in Negativität münden. Die höchste Form von Offenheit im Buddhismus ist dann erreicht, wenn wir jede Art dualistischer Gedanken, also positive wie negative, überwinden. Für unser tägliches Leben und unsere Alltagspraxis ist dies aber nicht der Hauptfokus, weil die entsprechenden Meditationsübungen viele Stufen des Studiums, der Kontemplation und meditativen Versenkung erfordern, Ausdauer und Zeit benötigen und nicht einfach zu bewältigen sind. Heutzutage sind alle so beschäftigt, dass wir meist nicht genügend Zeit finden, uns dieser Praxis wirklich zu widmen.

Offenheit im Alltag

Wenn wir uns darin üben, weniger selbstbezogen zu sein, und uns gemäß unserer Möglichkeiten und unserer philosophischen wie religiösen Ausrichtung versuchen zu verändern und weiterzuentwickeln, kann sich unser Herz ganz natürlich entfalten und öffnen.

Wann sollten wir offenherzig sein?

Es ist ein großes Missverständnis zu glauben, wir müssten uns erst von unserer gewohnten Umgebung entfernen und beispielsweise Urlaub machen, um zu entspannen und unser Herz öffnen zu können. Würden wir uns allein darauf verlassen, hätten wir recht selten Gelegenheit dazu. Unser gewohntes Umfeld mit den Menschen, auf die wir dort treffen, bietet uns viel bessere Bedingungen zum Öffnen. Es gibt kaum einen Moment, in dem wir nicht üben könnten. Besonders an unserem Arbeitsplatz bieten sich zahllose Gelegenheiten, unseren Kollegen immer wieder offen zu begegnen.

Wie wir ein offenes Herz entwickeln können

Viele Menschen haben den starken Wunsch, ihre gewohnte Umgebung entweder zu verändern oder zu verlassen und sich ein neues Umfeld zu suchen. Doch meist lassen sich diese Wünsche nicht erfüllen.

Offenheit genau dort, wo wir sind

Es gibt eine bekannte Geschichte in Sri Lanka von einem jungen, unzufriedenen Europäer, der in das Land reiste, um Mönch zu werden. Einige Tage nach seiner Ordination meldete sich die Polizei beim Abt des Klosters, da ein verrückt gewordener weißer Mönch nackt durch die Gegend laufe und unbedingt eingefangen werden müsse. Der Abt ließ den jungen Mönch sofort zu sich bringen. Er erklärte ihm, er dürfe nicht nackt herumlaufen, woraufhin dieser erstaunt erwiderte, er sei doch gerade Mönch geworden, um endlich frei zu sein. Weil er nun aber nicht so offen leben durfte, wie er wollte, gab er seine Mönchsgelübde zurück und fuhr wieder in seine Heimat.

Die Geschichte macht deutlich, dass es nicht die Umgebung ist, die uns Offenheit ermöglicht, sondern unser Geist. Wohin wir auch gehen, es wird immer Situationen geben, in denen wir nicht alles tun oder lassen können, was uns gefällt. Und da wir im Außen immer wieder auf Grenzen stoßen werden, müssen wir innere, geistige Offenheit entwickeln. In den buddhistischen Texten finden wir dazu ein schönes Beispiel: Möchten wir über die Erde gehen, sind aber barfuß, ist es nicht notwendig, die gesamte Erde mit Leder zu bedecken, um unsere Füße zu schützen. Wir brauchen nur unsere Füße in Leder zu wickeln und erhalten denselben Effekt. In gleicher Weise brauchen wir nur unser Herz zu öffnen, um schwierige Situationen bewältigen zu können.

Rechthaberei aufgeben

Eine weitere Methode ist, nicht immer Recht behalten zu müssen. Bestehen wir ständig darauf, im Recht zu sein, verengt sich unsere Sicht. Häufig beharren wir auf Ansichten, weil wir sie für einzig richtig halten und glauben, alles andere sei unnütz. Doch wenn wir nicht auch das mit einbeziehen, was links und rechts von uns ist, werden wir nur schwer irgendein Ziel erreichen. Ohne Offenheit kommen wir nicht voran. Und selbst wenn wir eigentlich im Recht wären und richtigliegen, ist es doch notwendig, die verschiedenen Sichtweisen und Umstände anderer mit zu berücksichtigen. Tun wir dies nicht, laufen wir Gefahr steckenzubleiben. So lassen sich vielleicht nicht immer alle unsere Vorstellungen verwirklichen, doch wenn alle Beteiligten versuchen, offen zu bleiben, können sie gemeinsam ein Ziel erreichen. Wir sollten deshalb unsere zuweilen engstirnige Haltung aufgeben und zur rechten Zeit nachgeben.

Ich möchte noch einmal auf die Geschichte des älteren Ehepaares im Flugzeug zurückkommen, dem es nach der Landung nicht gelang, sein Gepäck aus dem Fach über den Sitzen zu ziehen. Ich ging zu ihnen und fragte, ob ich helfen könne. Der Mann reagierte ärgerlich und antwortete gereizt: »*Danke, aber das kann ich schon noch selber!*« – obgleich es offensichtlich war, dass er aufgrund seines Alters Hilfe benötigte. Als ich weiter darauf bestand, ihm zu helfen, verärgerte ihn dies nur mehr, und schlussendlich war es nicht möglich, diesen zwei Menschen etwas Gutes zu tun, was mich sehr irritierte. Was ich daraus lernte, war, dass wir gelegentlich unsere Beharrlichkeit und unseren Stolz aufgeben müssen, um einfach offen zu sein für die Befindlichkeit anderer. Wir sollten uns im Leben zu fünfzig Prozent danach richten, was der Wahrheit entspricht, und zu fünfzig Prozent an die Umstände anderer anpassen. Wollen wir uns gleichwohl primär daran orientieren, was aus unserer Sicht richtig ist, sollten wir zumindest andere nicht bedrängen, egal wie viel gute

Gründe dafür sprächen. Die Menschen in unserem Umfeld würden dann vielleicht tun, was wir von ihnen wollen; gleichzeitig hätten sie wohl auch das Gefühl, dass dies für sie nicht in Ordnung sei. Verfolgen wir also ein bestimmtes Ziel, sollten wir andere Menschen freundlich und entspannt um Unterstützung bitten.

Offene Kommunikation

Ein wichtiger Punkt ist zudem, offen zu kommunizieren. Jeder, der viel mit Menschen zu tun hat, weiß um die Bedeutung dieses Punkts. Je mehr Leute wir treffen und je mehr wir darauf angewiesen sind, uns gegenseitig zu verstehen, desto mehr Offenheit müssen wir aufbringen. Bleibt jemand sein Leben lang am selben Ort im selben Land mit denselben Menschen, sammelt er wenig Erfahrung, und entsprechend eng wird seine Sichtweise sein. In meiner Heimat gibt es ein Sprichwort: »*Treten wir nicht über die Schwelle unserer Tür, werden wir die Erde nicht sehen. Verlassen wir nicht unsere Familie, treffen wir keine anderen Menschen.*«

Doch auch wenn wir Kontakt mit anderen aufnehmen, aber nicht offen sind, mögen wir zwar viel Neues kennenlernen, trotzdem bleiben wir diesen Erfahrungen gegenüber verschlossen. Ist unsere Sicht also zu eng, kann jede neue Situation, jeder fremde Ort und jede neue Erfahrung zu noch größerer Engstirnigkeit führen, weil das Neue mit den gewohnten Ansichten nicht übereinstimmt. Schaffen wir es dagegen, unser Herz zu öffnen, werden wir unsere starren

Ansichten schnell loslassen können. Offenheit ist das beste Gegenmittel für Engstirnigkeit. Wenn möglich, sollten wir von Zeit zu Zeit Begegnungen mit Menschen aus verschiedenen Städten, Ländern und Kulturen suchen, um mehr über deren Leben zu erfahren. So relativiert sich allmählich die Überzeugung, die eigene Kultur sei in irgendeiner Weise die bessere oder wertvollere.

Offenheit durch Akzeptanz

In unserem Leben sind wir vielfältigsten Situationen und Begebenheiten ausgesetzt, die wir oft einfach akzeptieren müssen. Es gibt verschiedene Religionen, gesellschaftliche Klassen und Kulturen; wir begegnen ganz unterschiedlichen Menschen, darunter Arbeitskollegen mit verschiedenen Vorstellungen und Ansichten, die wir alle zu tolerieren haben. Dazu noch einmal das Himalaya-Sprichwort: »*Dreißig Menschen haben dreißig unterschiedliche Ideen. Dreißig Yaks haben sechzig verschiedene Hörner.*« Und so verhält es sich auch mit unserer Gesellschaft: Manchmal können wir etwas in unserem Sinne verändern, manchmal nicht. Ist uns dies möglich, fällt es auch leicht, mit der jeweiligen Situation gut umzugehen. Ist es dagegen nicht möglich, sollten wir uns bemühen, die Situationen so anzunehmen, wie sie sind; andernfalls werden wir es im Leben nicht leicht haben. Allzu oft gibt es Umstände, denen wir nicht entkommen können. Je größer also unsere Akzeptanz, desto offener können wir gegenüber allem, was uns begegnet, sein. Gelingt uns diese Offenheit, werden wir mit der Vielfalt, dem Unvorhersehbaren sowie den zahlreichen Gegebenheiten des Lebens, die wir nicht ändern können, souveräner umgehen.

Zerbricht beispielsweise eine Tasse, können wir, einmal geschehen, daran nichts mehr ändern. Ist es uns nun nicht möglich, sie wieder zusammenzufügen und die Situation so anzunehmen, könnten wir wütend werden, was uns letztlich nicht weiterhilft. Vielleicht war es sogar unser Fehler, dass die Tasse zerbrach. Wenn wir die Unwiederbringlichkeit der Situation nicht akzeptieren können, werden wir unglücklich. Akzeptieren wir dagegen die Situation, bleibt unser Lebensgefühl positiv. Deshalb ist es so wichtig, mit Dingen umgehen zu lernen, die wir nicht ändern können.

Offenheit denjenigen gegenüber, die uns nahestehen

Wenn wir Probleme haben oder enttäuscht sind, sollten wir uns nicht zurückziehen und vor anderen verstecken, sondern uns den Menschen öffnen und mitteilen. Ich habe den Eindruck, dass vor allem die Menschen der westlichen Länder wie weltweit aller großen Städte ihre Gedanken und Gefühle für sich behalten und vor anderen verbergen. Dies scheint eine Gewohnheit, die aus meiner Sicht dem eigenen Wohlbefinden arg im Weg steht. Haben wir niemanden außer unserem Partner oder einem Psychologen, mit dem wir über unsere Anliegen und Schwierigkeiten sprechen, werden wir keine echte Offenheit entwickeln können. Wir sollten mehr

Menschen in unser Leben einbeziehen. Sie alle können uns nicht nur dabei helfen, unsere Gedanken zu teilen, sondern uns auch beruhigen, Lösungen aufzeigen, an die wir bisher nicht dachten, oder Neues beibringen. Leiden wir unter schwierigen Arbeitsbedingungen oder fühlen uns einsam und wissen keinen Ausweg mehr, kann dies sehr hilfreich sein. Natürlich sollten wir auch unseren Partner einbeziehen, dennoch ist es zuweilen gut, auch mit anderen vertrauenswürdigen Menschen zu sprechen.

Öffnen wir uns also anderen Menschen gegenüber, werden größere Nähe und tiefere Freundschaften entstehen und wir uns bei Problemen gegenseitig besser helfen können. Sich miteinander auszutauschen ist hilfreicher als jede medizinische Behandlung.

Offenheit durch Verständnis für andere

Je mehr Verständnis wir für andere aufbringen, desto offener werden wir und umso aufgeschlossener können wir ihnen begegnen – ohne Angst, etwas zu verlieren. Kennen wir die Eigenheiten anderer Menschen sowie ihre Art zu denken und zu fühlen, fällt es leicht, uns auf sie einzustellen und mit ihnen umzugehen. Wir werden uns viel wohler fühlen und frei sein von zu starren Vorstellungen.

Unser gesamtes Leben hindurch sind wir für unser Überleben von anderen abhängig, und keiner von uns kann völlig alleine durchs Leben gehen. Dabei geht es nicht so sehr darum, im weltlichen oder spirituellen Sinn ein guter

Mensch zu sein. Vielmehr sollten wir, wenn sich unsere Wünsche im Leben nicht erfüllen, einen größeren Weitblick entwickeln. Gelingt uns dies, können wir uns ganz natürlich für das Wohl anderer einsetzen.

Es ist wichtig, dass wir uns immer wieder bewusst machen, wie sehr uns innere Offenheit und die Qualitäten, die daraus entstehen, weiterhelfen.

P

PRAXIS

Was ist Praxis?

Unter *Praxis* verstehe ich die praktische Umsetzung der buddhistischen Lehren, auch Dharma genannt, im täglichen Leben.

Die gesamte Lehre Buddhas lässt sich in folgenden vier Zeilen zusammenfassen:

> ***Begehe keine schadenbringenden Handlungen;***
> ***sammle einen Schatz tugendhafter Handlungen an;***
> ***zähme vollständig deinen eigenen Geist.***
> ***Das ist die Lehre Buddhas.***

Der Kern aller buddhistischen Praxis dreht sich darum, den eigenen Geist zu *zähmen*. Alle schadenbringenden Emotionen entspringen Geisteszuständen, die nicht durch Liebe, Mitgefühl, Weisheit und Verständnis für andere geprägt sind. Deshalb sollten wir in einem ersten Schritt die Anweisungen, die Buddha hierzu gab, auf ihre Richtigkeit hin prüfen, sie in einem nächsten Schritt mit Geschick anwenden und den Geist so trainieren, dass wir schließlich fähig werden, ihn zu meistern. Ziel ist es, unseren Geist zu jeder Zeit und an jedem Ort positiv ausrichten zu können. Gelingt uns dies, können wir auch unter schwierigsten Bedingungen glücklich sein und anderen helfen. Mentale Unausgeglichenheit dagegen führt zu Unzufriedenheit und macht uns unglücklich, egal wie reich und berühmt wir sind oder wie angenehm unsere äußeren Lebensumstände auch sind. Deshalb ist vor allem eine Veränderung auf geistiger Ebene ausschlaggebend für unser Wohlbefinden. Das allerdings ist nicht nur die Erkenntnis Buddhas, sondern eine grundlegende psychologische Tatsache. Was Buddha darüber hinaus lehrte, sind verschiedene Methoden, mit unserem Geist wirksam zu arbeiten und ihn zu transformieren.

Diesen Prozess können wir mit der Verordnung und Einnahme von Medizin vergleichen: Als Erstes betrachten wir einen Kranken und fragen uns, unter welcher Krankheit er wohl leidet; wir untersuchen ihn gründlich, und erst dann, wenn wir das Problem erkannt haben, verabreichen wir die entsprechende Medizin. In gleicher Weise wenden wir die buddhistischen Lehren und Methoden gemäß unserem jeweiligen geistigen Zustand und den entsprechenden Alltagsgegebenheiten an. Sobald uns bewusst ist, was genau uns Probleme bereitet und wo unsere Schwierigkeiten liegen, können wir auch die entsprechenden Anweisungen einsetzen, um eine Verbesserung zu erfahren. Das ist die Essenz dessen, was wir unter Praxis verstehen.

Praxis im Alltag

Die Praxis ist für jede oder jeden gedacht, der Interesse daran hat und sich verändern will. Niemand besitzt die Lehren exklusiv, und so ist es auch keiner bestimmten Menschengruppe oder keinem bestimmten Land vorbehalten, Verwalter von Buddhas Erbe zu sein. Demzufolge können alle, die sich nach innerem Frieden sehnen, die Lehren studieren und zu jeder Zeit und unter jedweden Umständen anwenden.

Wann ist die beste Zeit zu praktizieren?

Das ist eine wichtige Frage, denn so viele Menschen behaupten, sie seien zu beschäftigt, um zu praktizieren. Sie erklären, dass der größte Teil ihres Tages darauf verwendet würde, zu arbeiten, Geld zu verdienen und sich um die Familie zu kümmern. Am Abend sei man einfach zu erschöpft und zu müde dafür. Deshalb liegt es mir sehr am Herzen, hier einiges klarzustellen. Wir können noch einmal das Medizin-Beispiel von vorhin anführen: Wann benötigen wir Medizin? Wenn wir krank sind. Sind wir gesund, brauchen wir sie weder, noch nützt sie uns. Also sollten wir zunächst herausfinden, in welchen Lebenssituationen wir Schwierigkeiten haben und wo genau uns die buddhistischen Lehren weiterhelfen können. Wenn wir schlafen beispielsweise, haben wir wenig Probleme; doch wenn wir arbeiten und unseren Verpflichtungen nachgehen, sind wir oft schwierigen Situationen ausgesetzt, und so begegnen uns hier die meisten Herausforderungen. Wir durchlaufen die gesamte Bandbreite Leid verursachender Emotionen: Ärger, Neid, Geiz, Gier oder Arroganz. Deshalb sind diese Zeiten der beste Moment für unsere Praxis.

Viele Menschen denken, Dharma-Praxis sei gleichzusetzen mit stiller Meditation. Wäre dem so, wie könnten wir während der Arbeit jedes Mal meditieren, sobald ein Problem auftaucht? Unser Chef würde uns wohl kündigen, wenn wir ständig minutenlang still am Schreibtisch säßen. Diese Vorstellung beruht deshalb sowohl auf einem falschen Verständnis von Dharma als auch von Meditation. Denn *Dharma* bedeutet, unseren Geist in eine positive Richtung zu lenken, und zwar immer dann, wenn unser Geist in Negativität abgleitet. Dharma-Praxis soll also im Moment und unmittelbar dieser Negativität entgegenwirken. *Meditation* demgegenüber meint das Training hin zu einer positiven Veränderung unseres Geistes. Denken wir an Fußball: Erst müssen die Spieler gut trainieren, bevor sie in einem richtigen Spiel eingesetzt werden können. Bei der Meditation verhält es sich ganz ähnlich. Zunächst beruhigen wir unseren Geist, um ihn und seine Funktionsweise besser kennen- und verstehen zu lernen. So können wir negative Emotionen leichter identifizieren. In einem nächsten Schritt befassen wir uns damit, wie wir diese Emotionen positiv verändern können, und üben uns darin ein. Dadurch eignen wir uns heilsame geistige Gewohnheiten an, derer wir uns schließlich im Alltag gezielt bedienen können.

Nehmen wir die *Praxis von Geduld.* Auch sie besteht aus verschiedenen Abschnitten. Am Anfang müssen wir uns mit ihr vertraut machen: Was genau ist Geduld? Wie verhält sie sich? Wie kann sie uns helfen, und welche Vorteile bringt sie uns? Dieser erste Abschnitt ist Teil von Meditation und Kontemplation. Sind wir zu der Einsicht gelangt, dass Geduld hilfreich ist, um vor allem unserer Wut und unserem Ärger entgegenzuwirken, und uns generell im Leben nützt, können wir anschließend mithilfe der buddhistischen Lehren *Strategien* entwickeln, Geduld unter verschiedensten Bedingungen anzuwenden. Geraten wir dann in Situationen, in denen wir ärgerlich werden, wissen wir genau, was zu tun ist, weil wir darin geübt sind. Das Gleiche gilt für die *Praxis von Mitfreude* als Gegenmittel zu Eifersucht und Neid und so fort. Auf diese Weise können wir Buddhismus praktizieren. Ziel unserer Praxis sollte sein, die entsprechenden Lehren immer dann nutzen zu können, sobald negative Emotionen entstehen. Meditation ist dabei lediglich ein Mittel zum Zweck, nicht aber das eigentliche Ziel.

Ein Beispiel: Spricht uns jemand wirsch an, und wir spüren, wie Wut in uns aufsteigt, haben wir folgende Möglichkeit: Statt der Wut freien Lauf zu lassen und Streit anzufangen, können wir uns überlegen, dass es gar nichts bringt, ebenfalls ärgerlich zu werden und auf die gleiche Art zu reagieren. Wir können weder das Gesagte ungeschehen machen noch die Person durch unseren eigenen Ärger beruhigen; im Gegenteil, wir würden vermutlich deren Ungehaltenheit noch verstärken. Also sagen wir uns, dass Ärger nur uns selber und unserem inneren Frieden schadet, den Blutdruck hochtreibt und uns vielleicht Dinge sagen lässt, die wir später bereuen. Zudem können wir nicht sicher wissen, weshalb sich der andere so verhält. Womöglich gilt dies in seiner Kultur als höflich? Oder er hat schlechte Laune, weil ihm zuvor etwas Unangenehmes widerfuhr; vielleicht meint er es gar nicht böse. Versuchen wir, all dies zu berücksichtigen, wird es uns leichter fallen, Geduld aufzubringen und abzuwarten, wie sich die Situation entwickelt, ohne sie weiter anzuheizen und Streit zu entfachen, der später schwer zu schlichten ist.

Die verschiedenen Abschnitte der Praxis

Longchen Rabjam, ein bedeutender Gelehrter Tibets im 14. Jahrhundert nach Christus, führt drei Hauptpunkte für die Anwendung der Lehren an:

- Die anfängliche Motivation
- Unabgelenkte Aufmerksamkeit während der eigentlichen Handlung
- Widmung am Ende der Handlung

Die anfängliche Motivation

Gewohnheitsmäßig haben wir die Haltung, es möge hauptsächlich uns gut gehen; die Befindlichkeit anderer sei eher nebensächlich und liege außerdem nicht in unserer Verantwortung. Im Rahmen der buddhistischen Praxis jedoch sollten wir die Absicht oder Intention entwickeln, nach Glück und Wohlbefinden aller Wesen zu streben. Der Gedanke, der dem zugrunde liegt, ist, dass sich alle Wesen Glück wünschen und Leiden vermeiden wollen. Egal ob Mensch oder Tier, in diesem Punkt sind wir alle gleich. Können wir diese fundamentale Tatsache wirklich verstehen, betrachten wir auch alle Wesen als grundlegend gleich, und so wird es nicht schwerfallen, uns für sie zu engagieren. Ist uns erst einmal bewusst, dass sie genauso leiden wie wir, könnten wir den Entschluss fassen, ab jetzt, wenn wir für unser Wohlbefinden beten, gleichzeitig für das Wohl aller zu beten. Beten wir dafür, in einem friedlichen Umfeld zu leben, könnten wir zur selben Zeit dafür beten, dass alle Wesen in Frieden leben mögen, und so fort.

Haben wir einmal eine solch umfassende Motivation in unserem Geist verankert, wird es selbstverständlich, auch für andere da zu sein. Wir werden uns dann ganz automatisch höflicher und aufmerksamer verhalten oder hilfsbereiter sein, wenn jemand etwas fragt oder um unsere Hilfe bittet. Wir werden nicht mehr nur ausschließlich für unsere Belange, sondern letztlich zum Wohl aller handeln.

Unabgelenkte Aufmerksamkeit

Während der eigentlichen Handlung unabgelenkt zu sein bedeutet, uns mit ganzer Aufmerksamkeit auf das zu konzentrieren, was wir gerade tun. Das bezieht sich nicht nur auf die buddhistische Praxis, sondern auf alle Tätigkeiten. Auf diese Weise werden wir jede unserer Aktivitäten besser ausführen können und ihnen insgesamt mehr Bedeutung verleihen.

Im Buddhismus gibt es verschiedene Arten des Trainings. Eine der grundlegenden ist das Einüben in die *sechs Vollkommenheiten*: Freigebigkeit, Disziplin und Geduld sowie eifriges Bemühen, Meditation und Weisheit. Wann immer wir uns mit ihnen befassen, sollten wir dies mit ganzem Einsatz und ohne Ablenkung tun, damit wir auch ein wirkungsvolles Resultat erzielen.

Widmung am Ende der Handlung

Am Ende jeder Praxis und generell jeder Handlung sollte deren Widmung zum Wohle aller Lebewesen erfolgen, damit unser Handeln nicht allein auf unser eigenes Wohlergehen gerichtet bleibt. Bei der Widmung wünschen wir, dass durch die Kraft unseres heilsamen Tuns alle Wesen frei sein mögen von Krankheit, Hunger, Konflikten, Krieg und so fort. Wollen wir wahrhaft Frieden auf der Welt, wo sollten wir beginnen? Frieden entsteht mit unserer eigenen friedfertigen Geisteshaltung, der Zeitspanne, in der wir unsere Ausrichtung aufrechterhalten, und dem aufrichtigen Wunsch, allen Wesen helfen zu wollen. Dies ist die Verwirklichung und Praxis von Frieden.

Als Buddhisten widmen wir uns, zeitlich gesehen, immer zwei Ebenen: Zum einen wünschen wir, dass durch unser positives Handeln alle Wesen temporäres Glück und Wohlbefinden im Leben erfahren mögen. Doch darüber hinaus widmen wir unser Tun auch dem endgültigen, dauerhaften Glück und Wohlbefinden aller, was bedeutet, ihnen letztendlich die Erlangung der Buddhaschaft zu wünschen, also einen Zustand, in dem alle positiven Qualitäten vereint und sämtliche Leid verursachenden Emotionen überwunden sind.

Jede Art von Praxis sollte diese drei Punkte, also Ausrichtung der Motivation, unabgelenkte Aufmerksamkeit und abschließende Widmung beinhalten. In dem Maß, wie wir mit ihnen vertraut werden, lernen wir, sie an jedem Ort und zu jeder Zeit anzuwenden.

Q

QUELLE DES LEIDENS

Was ist die Quelle des Leidens?

Im Folgenden möchte ich, basierend auf den buddhistischen Lehren, vier Quellen von Leiden vorstellen:

- **Direkt wahrnehmbare Quellen**
- **Unbeständigkeit der Phänomene**
- **Leid verursachende Emotionen**
- **Handlungen oder Karma**

Hier müssen wir immer grundsätzlich zwischen einer eher allgemeinen Auffassung von Leiden und der buddhistischen Sichtweise unterscheiden. Generell können wir sagen, Leiden entsteht aus einem tiefgreifenden Gefühl von Unbehagen. Die Ursachen für dieses unbehagliche Gefühl können vielfältig sein: Dazu gehören körperliche Schmerzen, psychische Not, Sorgen oder verschiedene Formen mentalen Unwohlseins. In jedem Fall wird dabei das Leiden direkt erkannt und als solches erfahren.

Quellen des Leidens im Alltag

Direkt wahrnehmbare Quellen

In Bezug auf die direkt wahrnehmbaren Quellen stimmen die buddhistische Sichtweise und die allgemeine Ansicht zu den Ursachen von Leiden überein. Dazu gehören unter anderem Probleme verbunden mit Geld, Arbeit, der Familie, Krankheiten oder Schmerz. Sie sind uns nur allzu bewusst und werden unmittelbar als schwierig oder quälend und somit als Leid empfunden. Dies muss im Grunde nicht weiter erklärt werden.

Unbeständigkeit der Phänomene

Diese wird hauptsächlich innerhalb des Buddhismus als Quelle des Leidens benannt. Aus buddhistischer Sicht sind alle Phänomene, die aufgrund von Ursachen und Umständen entstehen, unbeständig. Und diese Unbeständigkeit ist es, die bestimmte Schwierigkeiten verursacht, welche wir eher indirekt als Leid erfahren. Wir können hier zwischen zwei Kategorien unterscheiden: *Leiden durch Wandel* und *alles durchdringendes Leiden*.

Leiden durch Wandel

Darunter verstehen wir alles, was so lange als angenehm und Glück bringend empfunden wird, bis sich die Umstände ändern und wir es als unangenehm bis unerträglich erfahren.

Alle durch Ursachen und Umstände bedingten Phänomene wandeln sich aufgrund ihrer Unbeständigkeit kontinuierlich von Augenblick zu Augenblick. Und diese permanente Veränderung, die den Phänomenen natürlicherweise anhaftet, verursacht Leiden.

Wenn wir nun davon sprechen, dass alle unbeständigen Phänomene von Natur aus leidvoll sind, bedeutet dies nicht, dass wir das Leiden, das damit einhergeht, auch sofort erkennen oder erfahren. Gehen wir beispielsweise auf eine Party, nehmen wir selbstverständlich nicht an, sie sei von Natur aus leidvoll. Wir assoziieren spontan Spaß, Freude und Freizeit damit. Wie kommt es aber, dass wir auch eine Situation, die wir als angenehm empfinden, mit Leid in Verbindung bringen? Weil im Wesentlichen alles, was Ursachen und Umständen unterliegt, von vielen Faktoren abhängig ist, sich wandelt und irgendwann endet. Dass wir wirklich Spaß haben auf einer Party, ist abhängig von der Party an sich und deren Umständen. Sobald diese enden, verändert sich auch das entsprechende Gefühl. Nehmen wir als weiteres Beispiel Reichtum. Verbinden wir unser Glück mit einem entsprechenden Wohlstand, werden wir Unglück erfahren und leiden, sobald dieser bedroht ist und wir ihn wieder verlieren.

Wir können deshalb durch äußere Dinge, deren grundlegende Beschaffenheit Wandel und Unbeständigkeit sind, kein dauerhaftes Glück erlangen. Erhoffen wir uns dennoch wahres Glück, unterliegen wir einem gravierenden Irrtum, der uns immer wieder zu Enttäuschungen führt. Wirklich dauerhaftes Glück ist unabhängig von äußeren Bedingungen und nur in unserem eigenen Geist zu finden. Darum ist es aus buddhistischer Sicht viel wichtiger, nach innerem Frieden zu streben, als nach zeitlich begrenztem Vergnügen. Um diesen Aspekt hervorzuheben und weil er oft nicht unmittelbar ersichtlich ist, sprechen wir vom *Leiden durch Wandel*.

Alles durchdringendes Leiden

Wir benutzen den Ausdruck *alles durchdringend*, weil alles, was auf Ursachen und Umständen beruht, potenziell Leiden hervorruft. Jede Situation, die überwiegend Wohlbehagen oder Gefühle des Glücks in uns erzeugt, trägt zugleich das Gegenteil in sich.

Vor Kurzem habe ich einen Film über Diana, die ehemalige Princess of Wales gesehen. Alle dachten, was für ein wundervolles Leben sie gehabt haben muss, so reich und schön wie sie war. Und viele wünschen sich, ähnlich leben zu können. Dann, so glauben sie, wären sie endlich glücklich. Doch in diesem Film wurde gezeigt, wie schwer diese Frau es in Wirklichkeit hatte. Ganz unabhängig also von Geld, Status oder Ruhm, alles ist mit seinen eigenen Schwierigkeiten behaftet, die es immer begleiten.

Denken wir darüber nach, was uns Spaß macht, wie beispielsweise ein Picknick, können wir bei genauerer Betrachtung erkennen, dass uns auch hier einiges Mühe bereitet. Dazu gehören Vorbereitungen wie Einkaufen und Einpacken oder den Transport zu organisieren. Während des Picknicks dann kann es zu regnen beginnen, Ameisen und Mücken können uns beißen. Am Ende des Ausflugs müssen wir den Müll entsorgen und das Geschirr reinigen. Oder nehmen wir Reichtum: Normalerweise denken wir, arm zu sein bereite große Probleme und das Gegenmittel hierzu sei, Geld zu besitzen, um alle Schwierigkeiten zu beseitigen. Aus buddhistischer Sicht nun birgt auch Reichtum große Probleme und Leid in sich, weil wir uns um ihn kümmern und darüber nachdenken müssen, wie wir ihn absichern oder weiter vermehren können, und vermutlich große Angst haben, ihn wieder zu verlieren.

So hat alles, wie angenehm oder glückverheißend es im ersten Moment erscheinen mag, zur gleichen Zeit auch seine unangenehmen, leidvollen Seiten. Und genau darin sehen Buddhisten die Ursachen von Leid. *Leiden durch Wandel* wie auch *alles durchdringendes Leiden* resultieren beide aus der Unbeständigkeit und letztendlichen Vergänglichkeit aller Erscheinungen.

Die Aussage, dass alle bedingten Phänomene von Natur aus leidvoll sind, soll uns aber nicht ängstigen oder Anspannung erzeugen, sondern uns die Dinge so sehen lassen, wie sie sind – Reichtum oder ein Picknick können schön, aber auch mit allerlei Schwierigkeiten verbunden sein. Sind wir uns dessen bewusst, werden wir weniger enttäuscht, falls sich Dinge anders entwickeln, als wir es wünschen. Hoffen wir dagegen, durch äußere Objekte dauerhaftes Glück zu erfahren, wird sich das nie erfüllen. Nur die richtige Haltung unseres Geistes kann dazu führen.

Leid verursachende Emotionen

Wir könnten hier nun zahllose negative Emotionen und Geisteshaltungen benennen. Zusammengefasst möchte ich aber vor allem sechs der Leid verursachenden Geisteszustände anführen: Wut; Anhaftung; Unwissenheit; Arroganz; Eifersucht und fehlgeleitete Sichtweisen.

Bei den ersten fünf ist leicht einsehbar, dass sie Leid erzeugen. Sichtweisen dagegen können wir grundsätzlich unterscheiden in Sichtweisen, die mit der Realität übereinstimmen, und Sichtweisen, die nicht mit ihr übereinstimmen. Letztere nennen wir fehlgeleitete Sichtweisen, da sie die

Wirklichkeit verkennen und so Frustration, Verwirrung, Schmerz und Ähnliches nach sich ziehen.

Wir können die Essenz aller Leid verursachenden Emotionen auch mit den ersten drei, nämlich Wut, Anhaftung und Unwissenheit, be-schreiben. An ihrer Wurzel sitzt unser egozentrischer Geist. Sind wir selbstbezogen, identifizieren wir alles mit uns selbst und machen uns buchstäblich zum Zentrum unseres Universums. Das *Ich* weitet sich aus auf alles, das uns nahesteht oder was wir als zu uns gehörend empfinden: *meine* Familie, *meine* Freunde, *mein* Haustier, *mein* Haus ... Für alle diese Dinge entwickeln wir Anhaftung, deren Ausmaß vom Maß unserer Ichbezogenheit geprägt ist. Gleichzeitig generieren wir Wut, Aggression und Ablehnung gegenüber allem, was uns oder unseren vermeintlichen Besitz bedroht oder schädigt. Und auch hier bestimmt wieder das Maß unserer Identifikation mit dem *Ich* die Ausprägung unserer Wut und Ablehnung.

Gedanken wie »*Ich bin wichtig*« und »*Alles, was mich betrifft, hat Vorrang*« resultieren aus einer grundlegenden Unwissenheit um die Gleichwertigkeit aller Wesen. Betrachten wir genauer, worin wir uns denn eigentlich von anderen unterscheiden, werden wir entdecken, dass uns im Grunde viel weniger trennt als verbindet.

Sind wir also der Auffassung, wir seien besser oder wichtiger als andere, stützen wir uns auf ein falsches Verständnis des tatsächlich Gegebenen. Dieses falsche Verständnis schließlich verschleiert unsere Einschätzung der Menschen wie auch der Situationen in unserem Leben. Unsere Ichbezogenheit liegt folglich an der Wurzel des Stamms, aus dem sich die Zweige von Unwissenheit, Anhaftung und Wut entwickeln. Ihnen entspringen sämtliche weiteren Leid verursachenden Emotionen, wie jeder von uns anhand von eigenen Erfahrungen nachvollziehen kann.

Handlungen oder Karma

Nun kommen wir zum Leiden, dessen Quelle unsere Handlungen von Körper, Sprache und Geist sind. Im Buddhismus bezeichnen wir diese Handlungen auch als Karma. Eine detaillierte Erklärung hierzu findet sich in Kapitel *K – Karma*. Ich spreche aber in unserem Kontext lieber von *Handlungen*, weil dieser Ausdruck das Verständnis erleichtert.

Es ist offensichtlich, dass sich unser Verhalten auf unser Wohlbefinden und unsere Lebensumstände auswirkt. Dazu zählt, auf welche Weise wir unseren Geist bilden, wie wir mit anderen sprechen und auch wie wir uns körperlich verhalten. Was wir in der Vergangenheit getan haben, schlägt sich nieder auf unsere Gegenwart; und so haben auch unsere gegenwärtigen Handlungen entsprechende Auswirkungen auf unser künftiges Leben. Dies gilt sowohl auf körperlicher als auch auf geistiger Ebene. Denken, sprechen oder handeln wir also negativ, werden sich daraus Probleme ergeben, die wir wiederum als Leiden erfahren.

Überwindung von Leiden

Haben wir die Quellen des Leidens einmal herausgefunden und wirklich erkannt, wird es auch möglich, sie zu überwinden. Die Ursachen des *direkt empfundenen Leids* sind in der Regel am einfachsten zu identifizieren und damit am leichtesten zu überwinden. Angespornt durch einen bestimmten Leidensdruck versuchen wir, direkt eine Lösung der Situation zu finden: entweder durch ein entsprechendes Gegenmittel oder indem wir die Situation so annehmen lernen, wie sie ist. Sind uns die Ursachen bewusst, können wir auch Maßnahmen ergreifen, um sie künftig zu vermeiden.

Leiden, das durch die *Unbeständigkeit der Phänomene* entsteht, können wir entgehen, sobald uns klar wird, dass mittels vergänglicher Dinge niemals dauerhaftes Glück zu erlangen ist. Wenn wir akzeptieren, dass nichts so bleibt, wie es ist, und sich alles Angenehme, das uns widerfährt, auch ins Gegenteil wandeln kann, folgen wir keinen falschen Erwartungen mehr und freuen uns an dem, was ist, ohne auf ewig währendes Wohlbefinden zu bauen. Kontemplieren wir tiefgehender darüber, was wirklich zu fortdauerndem Glück führt, werden wir entdecken, dass es von unserem Geist abhängt und nur über inneren Frieden zu erlangen ist.

Die *Leid verursachenden Emotionen* als Quelle von Leiden können wir nur überwinden, wenn wir unsere Ichbezogenheit aufgeben. Dabei hilft es, uns der essenziellen Gleichwertigkeit aller Wesen bewusst zu sein, die auf dem Wunsch beruht, Glück zu erfahren und Leiden zu umgehen.

Wenn unsere *Handlungen* zu Leiden führen, müssen wir deren drei Ebenen genau analysieren, also unsere Geisteshaltung vor, während und nach unserem Tun, die Art, wie wir mit anderen sprechen, und unser äußeres Verhalten. Wir sollten stets unsere Motivation prüfen und unser Handeln auf das entsprechende Umfeld sowie den richtigen Zeitpunkt abstimmen. Auf diese Weise werden wir viel Leid bereits an seiner Quelle vermeiden und mehr Leichtigkeit und Glück erfahren.

R

RESPEKT

Was ist Respekt?

Respekt ist ein Ausdruck unserer Wertschätzung mittels Körper, Sprache und Geist. Ist unsere innere Einstellung respektvoll, müssen wir uns nicht anstrengen, Anerkennung auch nach außen hin über unseren Körper und unsere Sprache auszudrücken. Selbst wenn wir müde sind, wird sich diese Grundhaltung nicht ändern. Empfinden wir jedoch keine natürliche Wertschätzung, müssen wir uns bemühen, respektvoll anderen gegenüber zu sein. Sind wir angespannt oder befinden uns in einer misslichen Lage, verlieren wir schnell unseren achtsamen Umgang mit anderen. Unsere geistige Einstellung ist auch hier ausschlaggebend.

Respekt im Alltag

Fällt es uns schwer, in bestimmten Situationen Respekt zu empfinden, sollten wir dennoch den Regeln der Gesellschaft folgen und uns angemessen verhalten. Aus den verschiedensten Alltagssituationen kennen wir alle sicher den großen Unterschied, ob Menschen im öffentlichen Raum, beispielsweise Kellner, Hotel- oder Bahnangestellte, sich aufmerksam und höflich verhalten oder eben nicht. An Orten wie Flughäfen, Bahnhöfen, Restaurants oder Hotels ließen sich viele Probleme allein durch einen gegenseitig respektvollen Umgang vermeiden.

Objekte, auf die sich unser Respekt richten sollte:

- **Menschen aller gesellschaftlichen Klassen**
- **Menschen aller Nationalitäten**
- **Menschen aller Ethnien**
- **Religionen**
- **Kulturen**
- **Eltern**
- **Lehrer**
- **Lebenspartner**

Selbstverständlich könnten noch zahlreiche weitere Kategorien genannt werden, doch ich möchte mich auf diese konzentrieren.

Wie Respekt entsteht

Wertschätzung und entsprechendes Verhalten entwickeln sich aus echtem Interesse an anderen, aus menschlicher Nähe, Liebe und Vertrauen.

Grundsätzlicher Respekt für andere Menschen

Anderen Menschen uneingeschränkt Wertschätzung und Respekt entgegenzubringen führt langfristig zu Frieden in der Welt. Bis heute liegt der Ursprung der meisten Kriege in einer Spaltung zwischen bestimmten Gruppen von Menschen, die wir negativ bewerten. Meist wird erklärt, Kriege würden zur Verteidigung eines Landes, einer Religion oder aus wirtschaftlichen Gründen geführt. Doch all diesen Rechtfertigungen liegt stets die Überzeugung zugrunde, dass nicht alle Menschen gleichwertig seien. Das war bisher jedenfalls so und wird in Zukunft wohl noch eine Weile so sein. Meine Heimat zum Beispiel liegt sehr abgeschieden, und die einzigen Berufsgruppen, die es dort gibt, sind Bauern und Nomaden. Doch die Bauern halten die Nomaden für unwissend und ungeschickt, während die Nomaden das Gleiche über die Bauern denken. Manchmal ergeben sich daraus auch handgreifliche Konflikte.

Ähnliches beobachten wir aber nicht nur dort, sondern überall auf der Welt; überall kultivieren Menschen abwertende Sichtweisen gegenüber anderen. Und dies nur deshalb, weil wir nicht wirklich fähig sind zu erkennen, dass im Grunde alle Menschen die gleichen Gefühle haben. Das beste Gegenmittel ist darum, über die grundlegende Gleichwertigkeit aller Wesen zu kontemplieren. Mit der Zeit erwächst aus dieser Art zu denken ganz natürlich mehr Respekt vor dem Wert des Lebens anderer. In dem Maße, wie wir das verinnerlichen, werden wir auch davor zurückschrecken, Leben zu gefährden. Zu wissen, dass das Leben eines anderen genauso wertvoll ist wie unser eigenes, und die Scheu davor, andere zu verletzen, sind beides wesentliche Faktoren für die Bewahrung von Frieden. Dabei ist es nicht nur wichtig, andere grundlegend wertschätzen zu lernen, sondern auch mehr Achtsamkeit im Umgang mit ihnen zu entwickeln.

Buddhisten üben sich ständig darin, vor wie während ihrer Meditationspraxis die Motivation zu erwecken, dass alle fühlenden Wesen glücklich und frei von Leid sein mögen. Würde ein Buddhist andere Menschen als weniger wertvoll betrachten, hätte er in jedem Fall den Kern seiner Praxis verfehlt. Aber auch rein gesellschaftlich steht die Abwertung anderer im Widerspruch zu den allgemeinen menschlichen Prinzipien und dem fundamentalen Menschenrecht der Gleichheit.

Respekt gegenüber anderen Religionen

Andere Religionen anzuerkennen ist unabdingbar, wenn wir uns nach Glück und Frieden sehnen. Es ist sogar einer der wichtigsten Faktoren hierfür. Vor Kurzem sah ich über das Internet, wie burmesische Mönche Muslime angriffen und ihnen viel Leid zufügten. Da ich diesen Vorgang nicht selbst beobachtet habe, kann ich nicht sicher sagen, ob dies auch wirklich so geschehen ist. Entspricht es aber den Tatsachen, dann ist ein solches Verhalten diametral entgegengesetzt zur grundlegenden buddhistischen Sicht, zum buddhistischen Verhalten und generell zur Meditation. Anderen zu schaden oder schaden zu wollen ist in keinem Fall gerechtfertigt.

Buddha sprach von vier Methoden, wie wir uns in Tugend üben können:

- **Werden wir schlecht behandelt, sollten wir nicht nach Vergeltung streben.**
- **Ärgert sich jemand über uns, sollten wir nicht ebenfalls Ärger entwickeln.**
- **Schlägt man uns, sollten wir nicht zurückschlagen.**
- **Sind wir vom negativen Handeln anderer betroffen, sollten wir nicht gleichfalls negativ handeln.**

Es gibt keine Stelle in den buddhistischen Texten, in der wir lesen könnten, es sei legitim, zum Schutz der eigenen Religion anderen zu schaden. Das Herzstück jeder Religion – unser ethisch-moralisches Verhalten – würde aus buddhistischer Sicht dadurch zerstört. Letzten Endes haben doch alle

Religionen Frieden, Glück und das Wohl aller zum Ziel. Beschränkt oder zerstört eine Religion dieses Wohl, verpasst sie genau dieses Ziel. Religionen sollten dem Wohl der Wesen dienen und nicht umgekehrt die Wesen das Wohl der Religionen vermehren. Solange die religiösen Neigungen der Menschen verschieden sind, so lange wird es unterschiedliche Religionen geben. Nur weil wir selbst gern Süßes essen, müssen nicht notwendig alle Menschen Süßes zu sich nehmen. Jeder sollte genau das essen, was ihm schmeckt und guttut – egal ob süß, sauer oder salzig.

Es gibt zwei Hauptgründe, weshalb wir Religionen gegenüber respektvoll sein sollten: (1) weil jede Religion vielen ihrer Anhänger inneren Frieden schenkt; (2) weil jeder das Recht besitzt, seine eigene Religion zu wählen. Schadet man einer Religion, schadet man unmittelbar sehr vielen Menschen. Respektieren wir eine Religion, respektieren wir unmittelbar sehr viele Menschen. Dies ist logisch leicht nachvollziehbar. Und da jede Religion Wege lehrt, wie wir unmoralische Absichten und negative Geisteszustände überwinden können, haben sie grundlegend das gleiche Ziel und verdienen gleichermaßen unsere Wertschätzung. Fassen wir es kurz, so sollte jeder diejenige Religion ausüben können, der er vertraut, und gleichzeitig andere Religionen respektieren.

Andere Kulturen achten

Es gibt Menschen, die alle Kulturen außer der eigenen kritisieren; dann gibt es solche, die entweder nur antike oder ausschließlich moderne Kulturen bevorzugen. Alle diese Vorlieben und Denkweisen jedoch führen nur dazu, sich anderen überlegen zu fühlen, und sollten aus meiner Sicht aufgegeben werden. Da die meisten Kulturen unterschiedlichen Religionen entstammen, haben sie auch unterschiedliche Ursprünge. Kulturen entwickeln sich aber auch entsprechend bestimmter geografischer oder klimatischer Gegebenheiten. Inselbewohner zum Beispiel haben eine spezifische Kultur genauso wie Menschen, die auf dem Festland leben, oder Länder mit heißem oder kaltem Klima. Versucht nun eine Kultur eine andere zu unterwerfen, erwachsen daraus viele negative Gedanken und viel zerstörerisches Tun mit teils unüberschaubaren Folgen. Nicht selten werden zahllose Menschen emotional bis existenziell direkt oder indirekt bedroht. Inselbewohnern eine in Bergregionen gewachsene Kultur überstülpen zu wollen wird auf Dauer nicht funktionieren und umgekehrt. Da die neue Kultur mit den vorhandenen Gegebenheiten nicht vereinbar ist, wird sie mehr Schaden anrichten, als von wirklichem Nutzen sein. Wir sollten darum alle gewachsenen Kulturen mit deren eigener Geschichte und Lebensweise achten und respektieren.

Wir haben es heute so viel einfacher, uns leicht verständlich über andere Länder und Kulturen zu informieren. Mehr zu wissen erleichtert Toleranz und Akzeptanz. Es gibt einen interessanten Film mit dem Titel *The Best Exotic Marigold Hotel*, der von einer Gruppe Europäer erzählt, die sich in einem Hotel in Indien niederlässt und dort ihren Lebensabend verbringen will. Die einzelnen Geschichten der Figuren spiegeln sehr schön den Unterschied wider zwischen denjenigen, denen es gelingt, Land und Kultur zu akzeptieren, und denen, deren Geist dafür nicht offen ist.

Die Güte unserer Eltern wertschätzen

Heutzutage wird Selbstbestimmung besonders groß geschrieben, und es gibt zunehmend mehr Menschen, die kaum noch Dankbarkeit für ihre Eltern empfinden. Da mich das sehr beschäftigt, begann ich, dieses Phänomen genauer zu untersuchen und mich mit vielen Leuten auszutauschen. Wenn wir von einigen schweren Fällen der Misshandlung einmal absehen, hörte ich vor allem folgende Gründe: Eltern hätten lediglich ihre Verantwortung erfüllt, ohne wirklich da gewesen zu sein; andere hätten einige Wünsche ihrer Kinder nie befriedigt oder Geschwister bevorzugt; manche beklagten, ihre Eltern hätten sich nicht ausreichend gekümmert; und wieder andere wollten nun als Erwachsene frei vom elterlichen Einfluss ihre Rechte ausleben. Bei all diesen Erklärungen beschlich mich zuweilen das Gefühl, dass diese Menschen in ihrer persönlichen Betrachtung doch einige wichtige Aspekte übersehen.

Um wirklich beurteilen zu können, ob unsere Eltern liebevoll zu uns waren oder nicht, sollten wir als Erstes betrachten, was sie tatsächlich für uns getan haben, als wir klein waren, und was wir unsererseits heute für sie tun oder für sie zu tun bereit wären. Wenn wir versuchen, die Fürsorge unserer Eltern gleichzusetzen mit ihrem Weigern, uns einige Wünsche zu erfüllen, oder ihnen vorwerfen, sie hätten andere Einstellungen als wir gehabt oder vielleicht ein Geschwister bevorzugt, unterliegen wir einem großen Irrtum. Wir sollten uns genau prüfen und fragen, ob wir unseren Eltern so zur Seite stehen könnten, wie sie es während unserer Kindheit taten, und ob wir ihnen das Gleiche zu geben fähig wären; ob wir uns eine Stunde lang so um sie kümmern könnten wie sie, als sie sich Tag und Nacht um uns sorgten; ob wir über Jahre für sie nachts aufstehen würden, um sie zu füttern; oder ob wir wirklich bereit wären, ihre Exkremente wegzuwischen, so wie sie all die zahllosen Male. Erst wenn wir darüber nachgedacht haben, werden wir beginnen zu verstehen, wie gütig sie tatsächlich zu uns waren. Wenn uns bewusst wird, dass wir im Grunde nicht fähig oder willens sind, all diese Dinge auch für unsere Eltern zu tun, werden wir ihnen gegenüber weniger gleichgültig sein und ihnen mehr Aufmerksamkeit schenken können.

Ich habe eine Cousine in Australien, die in einem Altersheim arbeitet. Während ich sie dort besuchte, erzählte sie mir, dass manche der Bewohner regelmäßig Besuch bekommen und Geschenke erhalten, während andere niemanden haben, der sich um sie kümmert. Als wir im Aufenthaltsraum saßen, kam gerade Besuch für eine ältere Dame. Eine andere Dame, die neben mir saß, erzählte mir, sie habe auch sehr nette Kinder, die sie häufig besuchen kämen. Doch als ich später mit meiner Cousine darüber sprach, sagte sie, diese Dame hätte zwar drei Kinder, die aber nie vorbeikämen, um nach ihr zu sehen. Und weil diese Dame darüber sehr traurig ist, weine sie oft. Wenn sie dann mit anderen Leuten spricht, gäbe sie vor, sie würde regelmäßig besucht werden.

Häufig ist die Hauptsorge älterer Menschen die, ob ihre Kinder auch wirklich ein gutes Leben führen. Was sie dann für sich meist wünschen, ist eine aufrichtige Wertschätzung ihrer Person und ihrem Leben gegenüber. Wir sollten deshalb alles tun, um unsere Eltern wo immer möglich zu unterstützen, und ihnen wann immer möglich Enttäuschungen ersparen. Wer Eltern in hohem Alter hat, sollte versuchen, sie regelmäßig zu sehen – denn vielleicht werden wir selbst eines Tages einmal sehr dankbar sein, wenn jemand uns besuchen kommt.

Respekt vor dem Wissen anderer

Ein weiteres Merkmal unserer Gegenwart ist, dass wir Lehrern gegenüber oft die Einstellung haben, sie wären eine Art Ware, für die man bezahlt, und wir bräuchten ihnen deshalb keinen besonderen Respekt erweisen. Wir sollten uns aber fragen, welche Bedeutung Bildung für uns eigentlich hat? Inwiefern ist sie uns wichtig? Hätten wir keine Lehrer, die Wissen vermittelten, was könnten wir uns selbst beibringen? Tatsächlich besteht eine große Kluft zwischen dem Wert des Wissens, das uns Lehrer vermitteln, und dem Wert ihres eigentlichen Gehalts. Wissen, das wir beigebracht bekommen, können wir immer wieder, oft ein Leben lang anwenden, während ein Gehalt schnell ausgegeben ist. Wissen, das Weisheit enthält, besitzt kein Verfallsdatum, solange wir es nicht vergessen. Geld dagegen ist schnell verbraucht. Wissen kann man nicht stehlen, Geld indessen schon. Der Wert von Bildung ist also exakt zu messen oder zu benennen; Bildung ist ein Juwel, das wir in unserm Innern tragen. Die großzügigsten und kostbarsten Lehrer sind die, die uns den Weg zu innerem Frieden zeigen.

Wertschätzung unseres Lebenspartners

Unsere Lebenspartner stehen uns, wie es so schön heißt, in guten wie in schweren Zeiten zur Seite. Sie sorgen für unser Glück und Wohlbefinden, begleiten uns auf unserem Lebensweg und unterstützen uns. Ein Sprichwort besagt: Gibt es im Leben drei glückliche Zeiten, gibt es auch drei Zeiten des Unglücks. Das heißt, alles Gute wird gemeinsam erlebt, aber auch alles Schwere gemeinsam ertragen. Oft erleben wir jedoch, dass Partner nur so lange bei uns sind, solange alles schön und gut ist; tauchen Probleme auf, verschwinden sie ganz schnell. Deshalb sollten wir für unsere Lebenspartner nicht nur Liebe empfinden, sondern auch tiefes Verständnis entwickeln; wir sollten um ihre Wünsche wissen, sie trösten bei Problemen, ausreichend Zeit mit ihnen verbringen und wichtige Dinge besprechen. Auf diese Weise zeigen wir ihnen unseren Respekt. Durch wahre Wertschätzung entwickelt sich wahre Liebe. Das ist ein ganz wesentlicher Faktor für ein glückliches Leben!

S

SELBSTVERTRAUEN

Was ist Selbstvertrauen?

Selbstvertrauen ruht auf einem gesunden Verständnis unserer Fähigkeiten und der Überzeugung, gestellte Aufgaben mit Gewissheit bewältigen zu können. Dazu gehört, dass wir eine realistische Einschätzung unserer Stärken, Bildung, Erfahrungen, allgemeinen Kompetenzen und unserer Qualitäten besitzen.

Nehmen wir an, ich sei Architekt mit guter Ausbildung und einiger Erfahrung in meinem Beruf. Würde man mich nun bitten, ein Gebäude zu planen, in der Art, wie es bereits von mir realisiert wurde, werde ich sicher und mit Zuversicht an dieses Projekt herangehen und von meinen Fertigkeiten überzeugt sein. Dies können wir als ein gerechtfertigtes Selbstvertrauen bezeichnen.

Daneben gibt es aber auch ein Selbstvertrauen, das in Wirklichkeit nicht als solches zu verstehen ist. Das wäre zum

Beispiel, wenn wir glaubten, ein Haus bauen zu können, ohne die dazu nötigen Fähigkeiten und das entsprechende Wissen erworben zu haben.

Selbstvertrauen im Alltag

Einer der Kernpunkte buddhistischer Philosophie ist das Verständnis des abhängigen Entstehens. Dabei unterscheiden wir folgende zwei Aspekte: zum einen die Entstehung der Phänomene aus dem Zusammenspiel von Ursachen und Umständen; zum zweiten das Hervorgehen der Erscheinungen in Relation zu anderen Phänomenen. So kann es nur ein *Rechts* geben, wenn es auch ein *Links* gibt. Diese beiden Aspekte müssen wir zwar unterscheiden, aber gleichzeitig sind sie sehr eng miteinander verknüpft. Mehr über das Entstehen der Dinge in Beziehung zueinander findet sich in Kapitel *N – Natur (der Phänomene)*.

Alles, was in unserem Leben geschieht, basiert auf Ursachen und Umständen. So finden wir Ursachen, die in der Vergangenheit liegen und in der Gegenwart zu bestimmten Resultaten führen. Sind wir derzeit berühmt oder reich, gibt es dafür Gründe, deren Ursprünge in unserer Vergangenheit zu finden sind. Da wir im Buddhismus von vorangehenden Leben ausgehen, sind wir überzeugt, dass wir einige der Ursachen der heute günstigen oder auch ungünstigen Umstände dort angesammelt haben. Dazu gehört unter anderem, welche Einstellung wir anderen Wesen gegenüber hatten, ob wir warmherzig und hilfsbereit waren oder ob wir ihnen schaden wollten, habgierig oder missgünstig waren. Alle diese Haltungen haben eine Wirkung auf unser jetziges Leben.

Wenn also Reichtum und materielle Dinge unsere gegenwärtigen Lebensumstände positiv beeinflussen, ist der Hauptfaktor dabei dennoch unser Geist. Das heißt, unser Glück liegt in unserem Geist verankert. Dies ist eine der zentralen Aussagen des Buddhismus. Aber natürlich wissen wir das im Prinzip auch aus unseren persönlichen Erfahrungen. Deshalb ist es umso wichtiger, mit unserem Geist zu arbeiten. Unabhängig davon, wie der momentane Zustand unseres Körpers beschaffen ist, sollten wir versuchen, vornehmlich das Positive in unserem Leben und den physischen Gegebenheiten zu sehen. Darüber hinaus benötigen wir ein klares Verständnis unserer Fähigkeiten und eine gesunde Wertschätzung unserer Stärken.

Selbstvertrauen entwickeln

Nicht selten gibt es in unserer Gesellschaft die Auffassung, bestimmte Menschen seien wertvoller als andere, fähiger als andere oder unfähig – was uns in Bezug auf uns selbst oft verunsichern kann. Denn wir alle möchten geschätzt, als kompetent beurteilt und als fähig betrachtet werden. Tatsächlich aber ist es gar nicht so wichtig, was andere über uns denken, solange wir ein gesundes Selbstvertrauen in unsere Stärken entwickeln. Aus meiner Sicht ist dies sehr wichtig.

Vor nicht allzu langer Zeit habe ich einen indischen Film über zwei Wachmänner gesehen, der mir einige Lektionen über Selbstvertrauen und inneren Frieden erteilt hat. Es gab darin eine Szene, in der eine Prügelei eine Menge Menschen anlockte. Die Wachmänner versuchten, die gaffenden Zuschauer zu vertreiben, doch keiner der Anwesenden bewegte sich auch nur einen Millimeter vom Fleck, bis schließlich die Polizei kam. Plötzlich waren alle verschwunden, und es schien, als hätten sie sich in Luft aufgelöst. Einer der beiden Wachmänner war nach diesem Ereignis recht niedergeschlagen und frustriert, weil niemand ihren Aufforderungen als Wachpersonal folgen wollte. Der zweite Wachmann, sein Freund, meinte indes, er solle sich nicht den Kopf darüber zerbrechen, was andere über ihn dächten oder ob sie ihn in seiner Funktion respektierten. Auch Könige, Berühmtheiten oder Unternehmer seien allen möglichen und unmöglichen Gedanken und Urteilen der Leute ausgesetzt. Manchmal würden ihre Anweisungen eben beachtet, manchmal nicht. Das Wichtigste sei doch, sich selbst zu vertrauen und sich der eigenen Fähigkeiten und Qualitäten bewusst zu sein. Dann brauche man sich nicht schlecht oder missachtet zu fühlen. Immerhin lebten vierhundert Menschen in dem Gebäude, für das sie verantwortlich seien; und diese vierhundert Menschen schliefen nachts gut, weil sie wüssten, dass sie als Wachmänner ihren Dienst gewissenhaft tun. Deshalb sei ihre Arbeit wichtig. Kämen irgendwann Einbrecher, wären sie diejenigen, die sie schnappen würden, und dann wären sie Helden. »*Stell dir vor, wir sind die Beschützer all dieser vielen Leute*«, sagte der Freund.

Nach diesen Worten fand der entmutigte Wachmann zu seinem Selbstvertrauen zurück, erkannte seine Stärken und die Bedeutung seiner Aufgabe und gewann wieder Freude und Interesse an seiner Arbeit. Im weiteren Verlauf des Films erhielt er schließlich eine wichtige Stellung innerhalb einer Firma. Und derjenige, der dies letztendlich ermöglicht hatte, war sein Freund, der stets die guten Seiten ihrer Arbeit im Blick behielt.

Deshalb sollten wir aus meiner Sicht, unabhängig davon, ob wir zum Beispiel eine Behinderung haben oder anderen Herausforderungen in unserem Leben ausgesetzt sind, immer genau wissen, wozu wir fähig sind, welche mentalen Kapazitäten wir haben und wo genau unsere Talente liegen. Dann erhalten wir ein gesundes und realistisches Selbstvertrauen, das auf Tatsachen gründet.

Ohne dieses Selbstvertrauen wäre es vergebens, größere Verantwortlichkeiten oder eine höhere Stellung übernehmen oder gar *König* sein zu wollen. Kennen wir unsere Intelligenz und Begabungen, können wir uns innerhalb dieses Rahmens weiterentwickeln. Nehmen wir beispielsweise Stephen Hawking; an seinem Beispiel sehen wir, dass eine Behinderung nicht zwingend den Weg für eine brillante Karriere versperren muss. Hawking ist weltweit einer der führenden Köpfe im Bereich Physik, obwohl ihn sein Körper extrem einschränkt. Wir können uns also an ihm orientieren, weil er zeigt, was mit richtigem Selbstvertrauen und echtem Enthusiasmus alles möglich ist.

Aus diesem Grund ist ein stabiles Selbstvertrauen so wichtig. Wir fördern es, indem wir uns selbst achten und eine richtige Einstellung pflegen. Wenn wir uns unsere positiven Aspekte und Qualitäten immer wieder bewusst machen und sie im Auge behalten, werden wir uns selbst mehr wertschätzen. Gleichzeitig sollten wir uns auf die unterstützenden Umstände unseres Lebens besinnen. Damit wird es gelingen, in bestmöglicher Weise und entsprechend den Gegebenheiten angemessen und positiv zu handeln. Unser Bewusstsein um das Gute und Hilfreiche in unserem Leben ist dabei ausschlaggebend.

Mit Fehlern leben – unsere Qualitäten erkennen

Suchen wir dagegen immerzu nach Fehlern, werden wir kaum etwas anderes wahrnehmen können. Selbst an Buddha oder Jesus suchten und fanden die Menschen Fehler. Nichts in dieser Welt ist fehlerfrei und makellos. Auch Prominente wie Michael Jackson, Michael Schuhmacher oder Diego Maradona werden nicht von allen gemocht, dennoch gibt es Millionen, die sie lieben. Es ist also unmöglich, in allen Augen perfekt zu sein.

Wir sollten deshalb die Idee aufgeben, perfekt sein zu können, und vielmehr die besten Eigenschaften unserer Persönlichkeit sehen lernen, also erkennen, was wir an Gutem in uns tragen. Dann fällt es auch anderen leichter, uns wertzuschätzen und zu lieben. Und für uns selbst wird es einfacher, gesunde zwischenmenschliche Beziehungen zu entwickeln.

Außerdem sollten wir es vermeiden, uns mit anderen zu vergleichen, und stattdessen unser Selbstbewusstsein auf die eigenen Stärken gründen.

Dies können wir ganz einfach üben: Stellen wir uns jemanden vor, den wir besonders gerne mögen, einen Prominenten vielleicht oder unseren Partner. Wenn wir jetzt überlegen, was uns an dieser Person nicht so gefällt, werden wir ziemlich schnell ziemlich viele Dinge finden. Drehen wir das Spiel um und suchen bei einer Person, die uns eigentlich unsympathisch ist, nach etwas, das wir mögen, können wir die positiven Aspekte ebenfalls recht schnell ausfindig machen. Letztlich hängt alles von unserer Betrachtungsweise ab.

Sollten wir zuweilen unser Selbstvertrauen aus den Augen verlieren, können wir unsere Lage der Situation von Personen gegenüberstellen, denen es wesentlich schlechter geht als uns. Dies wird helfen, unsere eigenen Umstände wieder positiver wahrzunehmen.

Trainieren wir also unseren Geist auf diese Weise, benötigen wir keine bestimmten Meditationstechniken oder besonderen Rituale. Wir können jederzeit unser Leben wertschätzen und mit Blick auf unsere Stärken und auf das Positive Selbstsicherheit gewinnen und Zufriedenheit empfinden. So brauchen wir nicht mehr Dingen nachzujagen, die wir ohnehin nicht erreichen können. Gelingt uns dies mehr und mehr, stellt sich schließlich ganz von selbst ein Gefühl von Vertrauen, Wohlbefinden und Glück in unserem Leben ein.

T

TOD

Was ist der Tod?

Wir können den Tod anhand bestimmter Anzeichen erkennen. Die medizinischen Anzeichen sind unter anderem Aufhören der Atmung, Herzstillstand, Verlust der Körperwärme, Totenstarre sowie Totenflecke. Durch diese äußeren Zeichen wird der Eintritt des Todes wissenschaftlich festgestellt, ohne sich auf die Befindlichkeit des Toten stützen zu müssen. Wenn diese Zeichen vorhanden sind, gibt es keine Chance mehr auf Reanimation einer Person.

Aus dem Blickwinkel des Buddhismus, wie beispielsweise im *Tantra der strahlenden unermesslichen Weite*, wird gesagt, dass sich der Zeitpunkt des Todes anhand zweier Anzeichen erkennen lässt. Das erste ist die graduelle Auflösung der groben, äußeren Elemente, deren Ablauf den beschriebenen medizinischen Anzeichen sehr ähnlich ist. Zu diesen Elementen zählen: Erde, welche die Festigkeit des Körpers bedingt; Wasser, das die Körperflüssigkeiten beeinflusst; Feuer, welches Körperwärme ermöglicht; Luft, die Energiefluss und Atem aufrechterhält; sowie Raum, der ermöglicht, dass die Organe im Körper Platz finden und entstehen können. Das zweite Anzeichen für den Tod ist die Auflösung auf den inneren Ebenen.

Darüber hinaus gibt es zahlreiche Diskussionen über weitere Todesmerkmale: Weltweit wird seit jeher der Herzstillstand als eines der wesentlichsten betrachtet. Im 17. Jahrhundert kam erstmalig die Idee des Hirntodes auf, der jedoch noch nicht wissenschaftlich bewiesen werden konnte. 1959 dann beschrieben die französischen Neurophysiologen Pierre Mollaret und M. Goulon[11] den Hirntod als ein Todeszeichen, bei dem das Herz zwar mittels maschineller Hilfe noch weiterschlägt und somit die vitalen Funktionen des Körpers aufrechterhält, während jedoch jede Hirnaktivität bereits erloschen ist und das Gehirn zu zerfallen beginnt. Zu den Anzeichen des Hirntodes gehören: keinerlei mentale Aufnahmefähigkeit oder Ansprechbarkeit; Aufrechterhaltung der Atmung nur noch mittels medizinischer Technik; keine messbaren Reflexe wie die automatische Verengung der Pupillen durch direkten Lichteinfluss, sowie keinerlei messbare Gehirnaktivitäten innerhalb von mindestens zwölf Stunden[12]. Treffen all diese Punkte zu, kann ein Mensch rechtlich als tot erklärt werden.

Betrachten wir nun einige religiöse Standpunkte. Im August 2000 beschrieb Papst Johannes Paul II. den Tod als die

Trennung des Lebensprinzips (Seele) von der körperlichen Realität[13]. Ganz ähnliche Beschreibungen finden wir auch im Hinduismus sowie in Religionen, die von einer Seele oder einem inhärenten Selbst ausgehen.

Der Buddhismus hingegen verneint die Existenz einer eigenständigen, unabhängigen Seele beziehungsweise eines Selbst auf absoluter Ebene. Dies unterscheidet ihn deutlich von anderen Glaubensrichtungen. Der Tod tritt aus buddhistischer Sicht ein, wenn die dem Körper innewohnende subtile Energie aufhört, sich zu bewegen oder zu zirkulieren. Diese subtile Energie beinhaltet nicht nur unseren Atem, sondern auch die Bewegung unserer Gedanken und wird deshalb als Lebensenergie bezeichnet. Das Anhalten von subtiler Energie und mentaler Aktivität auf geistiger Ebene sowie das Aufhören von Herzschlag und Atmung auf körperlicher Ebene bedingen sich also gegenseitig.

Tod im Alltag

Das Thema *Tod* ist vielen von uns unangenehm. Deshalb ist es nicht üblich, über das Sterben zu sprechen, denn es bezeichnet das Ende unseres Lebens, an dem wir alle so stark hängen.

Warum uns der Tod interessieren sollte

Der Tod trennt uns von geliebten Menschen und ist eine der leidvollsten Situationen. Trotzdem ist es wichtig, dem Tod Beachtung zu schenken, da er Teil des Lebens ist. Früher oder später ist sein Kommen sicher. Je mehr Wissen wir über ihn besitzen, desto besser können wir mit ihm umgehen.

Viele Ärzte überlassen die Patienten sich selbst, sobald erste Anzeichen des Sterbens auftreten. Aber wir können auch eine rasche und hoffnungsvolle Entwicklung innerhalb der medizinischen Sterbebegleitung und Palliativmedizin beobachten, im Rahmen derer man sich der Sterbenden einfühlsam und verantwortungsvoll annimmt. Es gibt bereits an vielen Orten Hospizeinrichtungen, in denen Menschen begleitet und in Frieden sterben können. Ohne unnötige Hektik und personell wie medizinisch speziell dafür ausgestattet, bekommt ein Sterbender nach Kräften alles, was er braucht und für ihn wichtig ist. Insofern wird schon einiges im Umgang mit Sterbenden getan. Bedauerlich ist jedoch, dass sich die große Mehrheit nach wie vor nicht besonders für den Tod interessiert.

Einer der Hauptgründe aus meiner Sicht ist, dass heutzutage die meisten Menschen in Krankenhäusern sterben. Manche argumentieren, dass die Ausstattung dort besser sei, es ausreichend Schmerzmittel gebe und sich die rechtlichen Formalitäten besser erledigen ließen; außerdem sei es einfacher für die Familien. Andere hingegen erklären, es sei besser, zu Hause zu sterben, da sich der Sterbende an einem ihm vertrauten Ort leichter entspannen könne. Ich denke, es ist grundsätzlich angenehmer, zu Hause zu sterben. Viel zu oft werden die Wünsche der Kranken nicht ausreichend berücksichtigt. Nehmen wir uns eines Sterbenden an, sollten wir als

Erstes überlegen, was denn für uns in einer vergleichbaren Situation gut und hilfreich wäre, und entsprechend handeln. Wir müssen in erster Linie die Wünsche des Sterbenden respektieren und versuchen, sie zu erfüllen, ungeachtet unserer eigenen Bequemlichkeit. Das wäre die beste Art, Menschen bei ihrem Sterben beizustehen.

Der Bundesverband der pharmazeutischen Industrie (BPI) veröffentlichte 2012 folgendes Umfrageergebnis[14]: 66 Prozent der Befragten möchten lieber zu Hause sterben, real tun dies jedoch nur 30 Prozent; 15 Prozent wollen in einem Hospiz sterben, doch die reale Zahl liegt bei rund 1 Prozent. Umgekehrt möchten nur 3 Prozent tatsächlich im Krankenhaus sterben, dennoch liegen die realen Zahlen bei 43 Prozent; lediglich 1 Prozent der Befragten möchte in einem Heim sterben, während dies tatsächlich bei 24 Prozent der Fall ist. Dies allein zeigt, dass die Mehrheit der Menschen es bevorzugt, zu Hause zu sterben, aber ihr Wunsch faktisch nicht erfüllt wird.

Das hat zur Konsequenz, dass viele Menschen das Wort *Tod* zwar zur Kenntnis nehmen, doch selten konkrete Erfahrungen damit sammeln. Früher begleitete die jüngere Generation ganz selbstverständlich die ältere beim Sterben. Die Menschen sahen, hörten und erfuhren direkt, was auch für sie selbst am Ende wichtig sein würde. Es wurden viele Anweisungen und Ratschläge von einer Generation an die nächste weitergegeben. Momentan jedoch besitzt meist nur das medizinische Personal Erfahrung mit Sterbenden. Die überlieferten Anleitungen früherer Generationen kennt heute kaum mehr jemand.

Buddha lehrte, dass es wichtig sei, sich mit dem Tod vertraut zu machen, und gab hierzu eine dreistufige Anleitung zur Kontemplation: (1) Kontemplation über die Vergänglichkeit des menschlichen Lebens; (2) die Gewissheit des Todes sowie (3) die gleichzeitige Ungewissheit des Todeszeitpunkts.

Wenn wir uns bewusst machen, dass alles im Leben vergänglich ist, begreifen wir auch, dass sich unser Leben ständig wandelt. Verstehen wir in einem zweiten Schritt, dass der Tod für alle sicher ist, erkennen wir, dass Egoismus und Habgier zum Lebenserhalt sinnlos sind. Und da gleichzeitig der Zeitpunkt unseres Todes im Ungewissen liegt, sollten wir nichts in die Zukunft verschieben, sondern jederzeit versuchen, richtig und positiv zu handeln. Gelingt es uns, diese Überlegungen in unseren Alltag zu integrieren und uns immer wieder bewusst zu machen, werden wir sie mit der Zeit ganz selbstverständlich geistig präsent haben.

Wollen wir uns mit dem Sterbeprozess vertraut machen, ist es wichtig, den Auflösungsprozess der Elemente zu kennen und zu wissen, wie er sich anfühlt; sodann sollten wir lernen, welche verschiedenartigen Wahrnehmungen während des Sterbens auftreten und wie wir uns bereits während des Lebens schon darin üben können, damit wir später beim Sterben selbst weniger Angst verspüren.

Seit der Zeit Buddhas bis heute wurden zahlreiche buddhistische Texte über das Sterben verfasst. Die grundlegenden Aussagen all dieser Texte jedoch sind in Tertön Karma Lingpas berühmten Text *Bardo Tödrol* zusammengefasst. Tertön Karma Lingpa lebte im 14. Jahrhundert. Sein Text Bardo Tödrol bedeutet direkt aus dem Tibetischen übersetzt *Befreiung durch Hören im Zwischenzustand* und ist im Westen unter dem Titel *Das tibetische Totenbuch* bekannt. Er beinhaltet die Kernunterweisungen zur Meditationspraxis während des Sterbens und ist innerhalb der tibetisch-buddhistischen Tradition weit verbreitet.

Warum der Sterbeprozess wichtiger ist als der Tod an sich

Den Sterbeprozess zu kennen ist sowohl für den Sterbenden selbst als auch für diejenigen, die ihm nahestehen, außerordentlich wichtig. Er bietet nicht zuletzt für die Angehörigen eine gute Gelegenheit, dem Sterbenden zu helfen und ihm all die Herzensgüte, Hilfsbereitschaft, Liebe und Warmherzigkeit zu danken, die er uns erwiesen hat. Was man einem noch lebenden oder schon sterbenden Menschen nicht mehr sagt, wird man auch seinem Leichnam nicht mehr sagen können.

Der Sterbeprozess beginnt mit der todbringenden Krankheit und endet, wenn Geist und Lebensenergie den Körper vollständig verlassen haben. Dies wird als der *leidvolle Zustand des Sterbens* bezeichnet. Während dieser Phase lösen sich die fünf Elemente, die fünf Energien und die entsprechend unterschiedlichen Wahrnehmungen nacheinander sowie ineinander auf. Die graduelle Auflösung der fünf Elemente definiert den *äußeren Auflösungsprozess*:

Das *Erdelement,* zu dem Fleisch und Blut gehören, sorgt für die Festigkeit des Körpers. Wenn es sich im *Wasserelement* auflöst, verringert sich die Körperkraft, und wir können Kopf und Arme nicht mehr heben. Die inneren, psychischen Anzeichen sind eine Vernebelung des Geistes. Wir haben das Gefühl, im Dunkeln zu sein oder zu fallen. Sterbende bitten zuweilen darum, man möge ihre Hand nehmen, sie festhalten oder hochziehen, weil sie den Eindruck haben zu versinken, obwohl sie eigentlich ganz entspannt daliegen.

Danach löst sich die Kraft des *Wasserelements* im *Feuerelement* auf. Zu diesem Zeitpunkt nimmt der natürliche Glanz unserer Haut ab, der durch Feuchtigkeit entsteht, und der gesamte Körper beginnt auszutrocknen. Nase, Augen, Mund fallen ein und verlieren ihre klaren Umrisse. In dieser Phase werden Sterbende gelegentlich grundlos ärgerlich und verlieren leicht die Geduld.

Wenn sich das *Feuerelement* im *Luftelement* auflöst, nimmt unsere Körperwärme ab. Anschließend löst sich das *Luftelement* im *Bewusstsein* auf, was die graduelle Auflösung der verschiedenen Energien beinhaltet, wie noch beschrieben wird.

Schließlich *löst sich das Bewusstsein im Raum auf,* wie es in den Texten heißt. Dies bedeutet, dass wir allmählich während der Auflösung der Körperelemente unser Bewusstsein und damit alle Wahrnehmungen verlieren. Dies ist der Moment des Todes.

Das *Luftelement* nun setzt sich aus fünf Energien zusammen, die sich ebenfalls – als Teil des äußeren Auflösungsprozesses – graduell zurückziehen:

Unsere *Lebensenergie* fließt durch das Herzzentrum. Wenn sich diese Energie verändert, wird unser Geist aufgeregt und instabil. Sterbende sprechen deshalb oft kurz vor dem Tod wirre Dinge und vergessen gleich wieder, was sie gesagt haben. Das sind Anzeichen von schwindender Lebensenergie.

Die *ausgleichende Feuerenergie* beinhaltet die Fähigkeit, Essen mit Hilfe von Wärme zu verdauen. Löst sie sich auf, kann der Körper nicht mehr richtig verdauen.

Die *aufwärtsfließende Energie* bewegt sich ab der Bauchgegend aufwärts und befähigt uns zu atmen und zu schlucken. Vermindert sich diese Energie, treten Atem- und Schluckbeschwerden auf.

Die *abwärtsfließende Energie* ermöglicht die Ausscheidung des durch die ausgleichende Feuerenergie verdauten Essens und kontrolliert zugleich die Schließmuskeln. Wird diese Energie schwächer, können wir unsere Schließmuskeln nicht mehr beherrschen.

Die *allesdurchdringende Energie* schließlich fließt durch den gesamten Körper sowie alle Gliedmaßen. Um unsere Arme zu bewegen, benötigen wir nicht nur unsere Muskelkraft, sondern auch eine intakte Verbindung zwischen unseren Gedanken und dem Nervensystem. Schwindet diese Energie, können wir uns nicht mehr aus eigener Kraft aufrichten.

Anweisungen für den Tod

Hat die finale Krankheitsphase begonnen, ist es Zeit, den Auflösungsprozess der Elemente, der Energien sowie der Wahrnehmungen zu erkennen. Dies ist kein schöner Zustand, doch wir können statt zu verzweifeln diesen Prozess auch bewusst durchlaufen. Dafür müssen wir *Entschlossenheit* und *Achtsamkeit* entwickeln. Welche Art von *Entschlossenheit* benötigen wir? Da uns der Tod von allen Lebensaufgaben und allem Besitz trennt, wird das Aufgeben dieser Dinge umso schmerzhafter, je mehr wir daran hängen. Deshalb sollten wir uns entschließen, sie loszulassen. Wichtig wäre auch, die Hinterlassenschaft rechtzeitig und genau zu regeln, um spätere Erbstreitigkeiten zu vermeiden.

Betrachten wir nun den Aspekt der *Achtsamkeit*. Buddha beschrieb zum Teil sehr ausführlich die verschiedenen Übungen für den Sterbeprozess. Eine mehr allgemeine und zusammenfassende Belehrung finden wir unter dem Namen *Wie ein hübsches Mädchen in den Spiegel blickt*. Wenn sich ein Mädchen hübsch macht, schaut es in einen Spiegel, um dann alles Unschöne zu korrigieren; es tut dies ganz selbstverständlich an seinem tatsächlichen Gesicht und nicht an seinem Spiegelbild. Auf vergleichbare Weise sollten wir uns von den diversen Sinneswahrnehmungen während des Sterbens nicht verstören lassen und sie nicht nach außen projizieren, sondern unseren Geist mit Achtsamkeit beobachten. Durch das Schwächerwerden der Sinneskräfte sehen, fühlen und hören wir Dinge, die nicht vorhanden sind. Umgekehrt nehmen wir zuweilen unsere unmittelbare Umgebung nicht mehr richtig wahr. Durch diese verwirrenden Wahrnehmungen flattert unser Geist wie eine Fahne im Wind.

Ich möchte Ihnen eine wahre Geschichte aus meiner Heimat erzählen. Als ich noch ein junger Hirte im Dolpo war, lebte dort ein Mann, der völlig gedankenlos und rein zum Zeitvertreib Raben fing. Waren ich oder andere Hirten in seiner Nähe, haben wir ihn zurechtgewiesen, doch er hörte nicht auf. Manchmal riss er den Vögeln sogar spaßeshalber die Augen aus und ließ sie anschließend wieder fliegen – es war wie ein Spiel für ihn. Als er später im Sterben lag, schrie er kurz vor seinem Tod angsterfüllt: »*Raben hacken mir die Augen aus! Bitte, bitte helft mir!*« Dies zeigt, dass sich unser Verhalten während des Lebens auch auf unser Sterben auswirken kann – positiv wie negativ.

Haben wir uns also zu Lebzeiten in Achtsamkeit geübt, können wir diese Praxis auch im Sterbeprozess anwenden. Sie hilft uns dabei, uns weder durch positive noch negative Wahrnehmungen verwirren zu lassen, sondern uns bewusst zu sein, dass alle diese Wahrnehmungen durch die schwächer werdenden Sinne erzeugt werden. Überwältigen uns dennoch innere oder äußere Wahrnehmungen oder unsere Gefühle, sollten wir uns sofort wieder entschieden an die Achtsamkeit erinnern. Dies verschließt leidbringenden Emotionen die Tür und erleichtert ein friedvolles Sterben.

U

UNWISSENHEIT

Was ist Unwissenheit?

Unwissenheit bedeutet im Allgemeinen, etwas nicht oder nicht ausreichend zu kennen, ganz unabhängig, worum es sich im Einzelnen handelt. Wenn wir bestimmte materielle, emotionale oder geistige Phänomene nicht näher untersucht haben, verfügen wir diesbezüglich auch über kein genaues, detailliertes Wissen.

Nehmen wir eine Sache genauer in Augenschein, erlangen wir, nach buddhistischem Verständnis, erst einmal gewisse Kenntnisse darüber. Denn etwas nicht zu kennen ist zunächst einfach nur Unkenntnis und wird nicht mit Unwissenheit gleichgesetzt. Warum? Wenn jemand zum Beispiel über eine bestimmte Region, sagen wir das Dolpo, nichts weiß und sich dafür auch nicht sonderlich interessiert, wird er sich gewiss nicht die Mühe machen, Informationen darüber zu sammeln. Aus buddhistischer Sicht gilt dieser Umstand dann nicht als Unwissen, sondern lediglich als Unkenntnis. Unwissenheit dagegen bedeutet, dass wir bisher gar nicht versucht haben, ein tieferes Verständnis von etwas zu erlangen, obgleich wir uns dafür interessieren und es von Bedeutung für uns ist. Unwissenheit ist somit das Gegenteil von Wissen und beinhaltet jeden Zustand unseres Geistes, der damit verbunden ist.

Jedes Phänomen besitzt eine grundlegende Beschaffenheit sowie unterschiedliche Eigenschaften. Unsere Unwissenheit kann sich folglich entweder auf die grundlegende Beschaffenheit eines Objektes beziehen und/oder auf dessen Merkmale. Nehmen wir eine Blume: Vielleicht wissen wir ganz generell nicht, was *Blume* ist, und wenn doch, sind wir möglicherweise nicht mit den Ursachen und Umständen vertraut, die sie braucht, um wachsen zu können – also welche klimatischen Bedingungen, welche Temperaturen, wie viel Wasser und so fort. Diese Art der Unwissenheit bezieht sich auf die grundlegende Beschaffenheit.

Wissen wir dagegen nicht, welche Eigenschaften eine bestimmte Blume besitzt, also ihre Größe, Farbe, ihr Duft oder ihre Heilkraft, sind wir unwissend hinsichtlich der Charakteristika. Gemessen an diesem Beispiel gibt es unzählige Dinge, denen gegenüber wir unwissend sind; dies betrifft nicht nur den allgemeinen Bereich der Phänomene, sondern auch ganze Wissensbereiche wie Medizin, Mathematik, Physik, Biologie, Religion und so fort. Und obwohl uns davon viele Dinge und Sachbereiche wirklich interessieren und wichtig sind, haben wir uns doch meist nicht eingehender damit befasst oder ausreichend Informationen beschafft. Aber selbst wenn wir uns Wissen angeeignet haben, können wir oft nicht sicher sein, ob wir nicht vielleicht ein falsches oder fehlerhaftes Verständnis gewonnen haben. Auch dies bezeichnen wir als Unwissenheit.

Unwissenheit im Alltag

Unwissend sind wir, wie schon beschrieben, wenn wir nicht oder nicht ausreichend über ein Objekt, eine Sache informiert sind. Diese Information an sich nicht zu kennen ist nicht allein ausschlaggebend, hinzu kommen bestimmte Ursachen und Umstände, die ebenfalls Unwissenheit erzeugen. Dazu zählt, Informationen, die wir zur Verfügung haben, missverständlich zu interpretieren. Alle diese Faktoren tragen zu Unwissenheit bei.

Ursachen und Umstände für Unwissenheit

Da ich aus Asien stamme, hatte ich anfangs nur sehr wenige Kenntnisse über die Kultur und Gepflogenheiten europäischer Länder. Dieses Unwissen war die Ursache vieler Schwierigkeiten, die ich während meiner Reisen erlebte. In mir wuchs darum der große Wunsch, mehr Verständnis zu entwickeln. Ich habe also viel gelernt, mir Wissen angeeignet und Erfahrungen gesammelt, sodass meine Unwissenheit zunehmendem Wissen wich. Und damit wurden auch die Schwierigkeiten weniger. Obwohl es grundsätzlich nie meine Absicht ist, anderen gegenüber respektlos zu sein, gerate ich doch immer wieder in Situationen, in denen mein Verhalten oder meine Worte diesen Eindruck erwecken – einfach aufgrund meiner Unwissenheit. Daraus können recht unangenehme Momente entstehen, wie folgendes Beispiel zeigt. Bei uns im Dolpo spricht man sehr direkt über den Körper und körperliche Veränderungen, aber niemand empfindet dies als schlechtes Benehmen. Wenn jemand älter ist als ich, entspricht es ja nur der Wahrheit, ihm zu sagen: »*Du bist älter*« oder »*Du bist alt.*« So geschah es vor einigen Jahren, als ich in Südindien im Kloster lebte, dass ich auf eine Bekannte aus Taiwan traf, die ich seit Längerem nicht mehr gesehen hatte. Ohne mir etwas zu denken, entfuhr es mir bei der Begrüßung: »*Du bist aber fett geworden.*« Ihr Gesichtsausdruck veränderte sich schlagartig, und sie entschuldigte sich hastig, sie müsse schnell weiter. Naiv wie ich war, blieb ich völlig ahnungslos zurück, überrascht von dem, was gerade geschehen war, und weshalb sich die Dame nicht weiter mit mir unterhalten wollte. Erst einige Zeit später, als ich mehr über die taiwanesische Kultur und deren Empfindlichkeiten wusste, verstand ich, dass ich meine Bekannte mit meiner Äußerung sehr verletzt haben musste.

Unwissenheit entspringt also in der Regel mangelndem Verständnis, was ebenfalls in aller Regel zu einem falschen Verhalten führt. Das betrifft sowohl allgemeine gesellschaftliche Bereiche wie Kultur, Konvention, Gesetze oder Wirtschaftssysteme als auch private Umstände, über die wir nicht ausreichend informiert sind. Manchmal liegen die Ursachen dafür in äußeren Einflüssen, manchmal in unseren eigenen Gewohnheiten.

Auswirkungen von Unwissenheit

Sind wir unwissend hinsichtlich der grundlegenden Beschaffenheit eines Objekts oder seiner Eigenschaften, resultieren daraus meist Schwierigkeiten und Probleme als negative Auswirkungen dieser Unwissenheit. Wenn uns die Schwierigkeiten dann dazu motivieren, uns Wissen anzueignen oder vorhandenes Wissen auszubauen, enthält unsere Ignoranz zumindest einen positiven Aspekt. Doch letzten Endes gibt es kein unmittelbares Resultat von Unwissenheit, das an sich positiv wäre. In den buddhistischen Lehren wird erklärt, dass an der Wurzel allen Leidens, an der Wurzel aller Wurzeln also, die Unwissenheit liegt.

Zur Zeit Buddhas gab es einen Mönch, so wird berichtet, der sich bei seinen Studien und seiner Praxis nicht wirklich Mühe gab. Eines Tages war es dann seine Aufgabe innerhalb der Gemeinschaft, den Dharma zu lehren. Er nahm also auf dem dafür vorgesehenen Thron Platz und gewahrte mit einem Mal, dass er nicht wusste, was er eigentlich sagen oder lehren solle. Nach einigen Minuten Stille entfuhr es ihm: »*Alles Nichtwissen ist Leiden.*« Es war ein Gefühl, das einfach aus ihm herausbrach, ohne Möglichkeit, es zu verbergen. An dem Ausruf dieses Mönchs können wir sehr schön sehen, wie wichtig es für unser körperliches und geistiges Wohlbefinden ist, Unwissenheit zu beseitigen.

Welche Gegenmittel können wir anwenden?

Gegenmittel für Unwissenheit sind Wissen und Weisheit. Um diese zu erlangen, müssen wir lernen. Angefangen von der Grundschule bis zum höchsten akademischen Grad sind sämtliche Fächer darauf ausgelegt, unser Unwissen mittels Wissen zu ersetzen.

Doch das gilt nicht nur für die schulischen Fächer; auch ein Hirte wird viele Dinge über seine Tiere lernen, mit denen er täglich zusammenlebt, oder ein Nomade über die Gesetze der Natur, denen er ausgesetzt ist, genauso wie ein Stadtmensch über die Gepflogenheiten einer Stadt. Jeder von uns erarbeitet sich Wissen über das, was für ihn und seinen Alltag von grundlegender Bedeutung ist. So gibt es in jedem Umfeld unzählige Situationen, die uns notwendige Dinge beibringen können und somit als Gegenmittel zu Unwissenheit dienen. Von den Hilfestellungen und Ratschlägen einer Mutter angefangen – »*Fass nicht ins Feuer, sonst verbrennst du dich*« –, ist alles, was man uns lehrt, dazu da, uns Wissen zu vermitteln. Und so sollten wir all unsere Studien darauf richten, lebensrelevantes Wissen zu erlangen. Wichtig ist auch, dass wir die Inhalte der Fächer, die wir studieren, gründlich analysieren können. Denn die Freiheit, Lehrstoffe unabhängig und eigenständig zu untersuchen, ist grundlegend und die wichtigste Voraussetzung für Bildung. Diese Freiheit ist unerlässlich, um wahres Wissen zu erlangen und nicht nur vage Vorstellungen. Deshalb ist die gründliche und genaue Analyse ein fundamentaler Bestandteil des Buddhismus und der buddhistischen Lehren. Alles, was gelehrt wird, kann zu jeder Zeit untersucht und begründet hinterfragt werden.

Wenn wir über etwas sprechen, können wir das, was wir sagen, entweder auf unsere Gefühle stützen oder auf die Ergebnisse unserer Untersuchungen. Nehmen wir als Beispiel eine Person, die viel redet. Nun mag es Menschen geben, die denken, dies sei keine angenehme Person, eben weil sie viel zu viel rede. Andere dagegen wertschätzen gerade diese Person, weil sie sehr klar und detailliert erklären könne. Solche Eindrücke beruhen hauptsächlich auf Gefühlen. Untersuchen wir nun unsere Eindrücke genauer und nehmen eine *unvoreingenommene* Analyse der Aussagen vor, ist der entscheidende Punkt dabei der, ob diese Person über die Dinge so spricht, wie sie wirklich sind. Betrachten wir die Dinge nur vom Standpunkt unserer Kultur, Religion, Gewohnheiten oder Vorlieben aus, können wir ganz schnell zu Fehleinschätzungen gelangen. Deshalb ist es so wichtig, vorurteilslos sowie klar und logisch zu überprüfen, was von all dem, was wir hören, lernen oder gelernt haben, tatsächlich der Wahrheit entspricht.

Das Gegenmittel für Unwissenheit ist also tiefgreifende Erkenntnis, die auf fehlerfreier Beobachtung basiert. Und fehlerfrei Beobachten heißt, unsere Wahrnehmungen nicht mit persönlichen, subjektiven Emotionen zu vermengen, sondern einer schlüssigen Beweisführung zu unterziehen. Da es so wichtig ist, Unwissenheit durch Wissen entgegenzuwirken, möchte ich kurz auf die wesentlichen Prinzipien logischer Beweisführung eingehen. Es gibt viele Geschichten über die Debatten, die vor über tausend Jahren zwischen den hinduistischen Schulen und dem Buddhismus geführt wurden. Grundregel bei all diesen Debatten war ein klarer logischer Aufbau der jeweiligen Argumente. Die indisch-buddhistischen Gelehrten Vasubandhu (6. Jahrhundert n. Chr.) und Dharmakirti (7. Jahrhundert n. Chr.) verfassten hierzu zwei philosophische Werke: *Die Zusammenfassung der gültigen Erkenntnis* und *Die Erklärung zur gültigen Erkenntnis*. Der Hauptfokus beider Abhandlungen liegt auf den Prinzipien der logischen, unmissverständlichen Beweisführung.

Argumentationen können entweder auf klarer Logik oder auf fehlerhafter Logik aufbauen. Klare Logik darf weder durch Kultur, Tradition oder Religion noch durch Wünsche, Gefühle oder Vorlieben beeinflusst sein, sodass sich das, was es zu erklären gilt, aus seinen eigenen Eigenschaften heraus erklärt. Die Beweisführung lässt sich dabei im Wesentlichen in zwei Arten der Herangehensweise unterteilen: (1) in Begründungen, die anhand des Resultats auf die Ursachen schließen; (2) in solche, die sich auf die Natur eines Phänomens beziehen und daraus dessen Grundbeschaffenheit ableiten. Daneben gibt es eine weitere gültige Erkenntnismethode, die keinerlei begrifflichen Bezug aufweist und sich aus der grundlegenden Sicht der *Leerheit* aller Phänomene beziehungsweise letztendlichen Nichtexistenz eines dauerhaft inhärenten Seins ableitet. Wir haben also gleichzeitig logische Beweisführungen, die nachweisen, dass etwas vorhanden ist, sowie Beweisführungen, die schlüssig darlegen, dass etwas nicht vorhanden ist.

Fehlerhafte Logik demgegenüber kann auf drei unterschiedlichen Arten von Argumentationslinien basieren: In der ersten wird der Beweisgrund, also die Ursache nicht belegt; in der zweiten bleibt die Ursache, also der Ausgangspunkt, undefiniert, und in der dritten wird ein Widerspruch zur Ursache aufgezeigt. Wollen wir uns also auf den Weg der klaren Logik begeben und uns darin üben, müssen wir als Erstes ein Objekt dahingehend untersuchen, ob Ursache und Resultat kongruent sind oder nicht miteinander übereinstimmen. Säen wir zum Beispiel einen Apfelsamen, und eines Tages steht genau an dieser Stelle ein Orangenbaum, dann stimmen Ursache und Resultat nicht überein. Steht dort aber ein Apfelbaum, sind Ursache und Resultat kongruent.

Sodann müssen wir prüfen, ob Ursache und Resultat einander hervorbringen oder verhindern, und schließlich, ob sie einander widersprechen oder eine Verbindung zueinander haben. Wollen wir also einen Apfelbaum wachsen lassen, müssen wir herausfinden, was hierfür die korrekte Ursache ist – nämlich ein Apfelsamen. Säen wir indes einen Orangensamen, dann gibt es einen Widerspruch zwischen Ursache und anschließendem Resultat. Diese Art der logischen Beweisführung hilft uns letztlich ganz praktisch im Alltag, herauszufinden und bestimmen zu können, welche richtigen Voraussetzungen wir schaffen müssen, um das Leben, das wir gerne führen wollen, auch leben zu können. Möchten wir ein harmonisches Familienleben, müssen wir entsprechend handeln, also Streit, Vorwürfe oder Negativität vermeiden. Gleichzeitig hilft uns die Anwendung von Logik, die Natur der Phänomene zu erkennen – wie sie entstehen und vergehen. Dies ermöglicht uns, realistischer mit Themen wie Tod und Vergänglichkeit umzugehen.

V

VERGÄNGLICHKEIT

Was ist Vergänglichkeit?

Buddha lehrte, dass Vergänglichkeit beständige Veränderung bedeutet. Dabei gibt es zwei Arten zeitlicher Veränderung: (1) Veränderung, die zwischen dem Beginn einer Handlung und ihrem Abschluss erfolgt; (2) Veränderung, welche von Augenblick zu Augenblick stattfindet.

Die erste Art bezieht sich also auf die *grobe* Struktur oder Erscheinungsform von Veränderung, nämlich vom Beginn einer Handlung oder der Entstehung eines Phänomens bis zu deren Beendigung oder dessen Vergehen. Das kann sich auf den Verlauf eines Abendessens beziehen, aber auch auf die Entstehung eines Planeten bis zu dessen Zerstörung. Diese Art der Veränderung respektive Vergänglichkeit ist für uns normalerweise leicht nachvollziehbar. Wesentlich schwerer zu erkennen ist die fortwährende Veränderung, also der unablässige, endlose Wandel aller Dinge und damit die subtile Form von Vergänglichkeit. Hierfür interessieren sich meist nur philosophische Disziplinen, Religionen oder bestimmte Bereiche der Wissenschaft. Die permanente Veränderung scheint zunächst zu unserer alltäglichen Wahrnehmung und unserem üblichen Denken in einem Gegensatz zu stehen.

Nehmen wir einen Apfel. Gewöhnlich glauben wir, immer *denselben* Apfel wahrzunehmen, vom Moment seiner Reife an bis zu seiner Zersetzung. In Wirklichkeit jedoch verändert er sich von Moment zu Moment, von Tag zu Tag, bis er schließlich ganz verrottet ist. Obgleich sich der Apfel ständig ändert und also nie gleich bleibt, bleibt dennoch seine äußere Erscheinung ähnlich. Das heißt, die Objekte unserer Wahrnehmung weisen zwar eine Kontinuität in der Form auf, und doch bleiben sie nie so, wie sie waren. Heute kann die Wissenschaft diese subtilen Veränderungen anhand von Modellen ganz einfach veranschaulichen. Vor gut 2.600 Jahren noch erklärte Buddha die Zeitspanne *eines Moments* dieser endlosen Kette permanenter Veränderungen anhand folgender Beispiele: Ein Moment sei die *Dauer*, die ein gesunder, kräftiger Mensch benötige, um mit den Fingern zu schnippen; oder das Durchstoßen einer Nadel durch ein Blatt auf einem Stapel von insgesamt 60 Blättern. Alle Phänomene, so lehrte der Buddha, veränderten sich unaufhörlich von genau solch einem Moment auf den nächsten.

Denken wir zum Beispiel ans Kochen. Vom Beginn des Kochvorgangs an bis zu seinem Ende, dem fertigen Gericht, finden konstant Veränderungen statt – durch die Beigabe verschiedener Zutaten, den Vorgang des Kochens an sich sowie durch die verschiedenen Handlungen, die wir dabei ausführen. Ohne den ersten Moment kann es den zweiten nicht geben und ohne den zweiten keinen dritten. Ohne die zahllosen subtilen Veränderungen käme es nicht zu den großen, groben Veränderungen.

Innerhalb der philosophischen Schulen gibt es zahlreiche Diskussionen hinsichtlich dieser subtilen Veränderungen wie auch bezogen auf die Beschaffenheit der kleinsten Teilchen, woraus diese Teilchen bestehen und wie sich die Phänomene auf den gröberen Ebenen zusammensetzen. Einige der hinduistischen Schulen nehmen zwar an, dass sich die Phänomene von Augenblick zu Augenblick ändern, doch bezüglich der kleinsten Teilchen sagen sie, dass diese unverändert bleiben. Buddha demgegenüber lehrte, dass sich auch die kleinsten Teilchen unaufhörlich wandeln. Mittels unserer physischen Augen mögen wir das zwar nicht sehen können, gleichwohl seien sämtliche Erscheinungen, auf grober wie subtiler Ebene, dieser fortwährenden Veränderung unterworfen.

Moderne Wissenschaftler haben hierzu zahlreiche Erklärungen gegeben. Aus dem, was ich bisher gelernt habe, wächst meine Überzeugung, dass die wissenschaftlichen Erklärungen zu einem großen Teil mit den buddhistischen Sichtweisen übereinstimmen. Physik und Quantenphysik können über Anzahl, Gewicht, Länge oder Dauer dieser Teilchen jedoch nur innerhalb ihres momentanen wissenschaftlichen Rahmens Aussagen treffen. Auch dem Buddhismus geht es hier ähnlich. Es stellt sich die Frage, wie wir die Existenz dieser kleinsten Teilchen, die für uns nicht sichtbar sind, eigentlich beweisen können und inwiefern sie grobe, sichtbare Phänomene zum Vorschein bringen. Beziehen wir uns auf die Nichtsichtbarkeit, lautet die Antwort, dass wir kleinste Teilchen nur deshalb nicht sehen können, weil es unterschiedliche Fähigkeiten des Sehens gibt. Blicken wir aus der Ferne auf ein Getreidefeld, nehmen wir zunächst bloß eine grüne rechteckige Form wahr, nicht aber einzelne Halme, die nebeneinanderstehen und sich eigentlich nicht berühren. Mit einem Fernglas dagegen werden die einzelnen Halme auch aus einiger Entfernung erkennbar. Es ist also eine Frage der Sehkraft, wie klar wir Dinge visuell wahrnehmen. Durch moderne technische Hilfsmittel, dic uns heute zur Verfügung stehen, konnten wir unsere visuelle Wahrnehmungsfähigkeit bisher erheblich verbessern.

Als geistige Methode nun, unsere Sehkraft so zu stärken, dass wir auch kleinste Teilchen über Kilometer hinweg klar wahrnehmen können, führte Buddha die meditative Versenkung an. Sie wird auch als *Hellsicht der göttlichen Augen* bezeichnet. Hilfsmittel wie beispielsweise Kontaktlinsen oder Ferngläser zeigen, dass unsere Augen im Prinzip die Kraft besitzen, auch subtilste Formen wahrzunehmen. Die meditative Versenkung nun ermöglicht uns, mithilfe unseres Geistes alles zu beseitigen, was die eigentliche Kraft unserer Augen beeinträchtigt.

Vergänglichkeit im Alltag

Ganz egal, wie viel wir über Unbeständigkeit, Vergänglichkeit oder den natürlichen Verfall aller Dinge nachdenken, es wird uns nicht direkt zu glücklicheren Menschen machen. Deshalb ist es in der Tat ganz natürlich zu fragen, warum denn in aller Welt Vergänglichkeit derart wichtig sein soll, dass wir sie uns immer wieder ins Gedächtnis rufen sollten. Dennoch gibt es mindestens drei gute Gründe, über das Thema Vergänglichkeit nachzudenken, wie ich im Folgenden gerne zeigen möchte.

Ist Vergänglichkeit wirklich eine Realität?

Dass alle Phänomene, die aus verschiedenen Bestandteilen zusammengesetzt sind sowie Ursachen und Umständen unterliegen, unbeständig sind, kann niemand ernsthaft bestreiten. Dies können wir erfahren, analysieren und wissenschaftlich nachweisen, dies entspricht also der Wirklichkeit. Und so kann es uns im Leben sehr wohl nützen, die wahre Beschaffenheit und Natur der Erscheinungen zu kennen und sie allmählich immer selbstverständlicher in allem wahrzunehmen, um mit mehr Realismus an materielle Dinge, Projekte und Menschen heranzugehen.

Sind die Dinge wirklich von Dauer und beständig?

Gehen wir von Beständigkeit aus, unterliegen wir einer Illusion. Im Prinzip aber wissen wir, dass sich alles fortwährend verändert und nichts für immer so bleibt, wie es ist. Dennoch verhalten wir uns so, als gäbe es diese Veränderung nicht. Die Wahrheit des ewigen Wandels steht also im Widerspruch zu unserem Verhalten und unserer bewussten Wahrnehmung. Das bedeutet nicht, dass wir uns keine Pläne mehr vornehmen sollen. Nur knüpfen wir manchmal zu hohe Erwartungen und Wünsche daran. Auch ist es natürlich sinnvoll, langfristige Vorhaben zu planen, mit Blick auf das Wohl der Allgemeinheit wie beispielsweise Bildungsprojekte, die mehrere Generationen überspannen. Doch wenn wir glauben, deren Umsetzung besitze Dauerhaftigkeit und müsse nicht ständig den sich ändernden Umständen und Zeiten angepasst werden, verfallen wir in geistige Starre. Trotz bester Absichten werden wir nicht angemessen handeln können und ein gutes Ergebnis verhindern.

Auf der persönlichen Ebene verhält es sich ganz ähnlich. Hier schmieden wir oft große Pläne und arbeiten an ihnen, als würden wir zweihundert Jahre alt, selbst wenn wir wohl maximal einhundert erreichen können. Nun mögen wir fragen, weshalb dies problematisch sei? Pflegen wir körperlich wie geistig eine zu laxe und entspannte Haltung im Leben, werden wir wohl einige Gelegenheiten übersehen und wertvolle Zeit vergeuden. Nehmen wir andererseits allzu große Mühen auf uns, um all unsere Vorhaben zu realisieren, auch wenn sie unsere natürlichen Möglichkeiten überschreiten, wäre dies ebenfalls nicht angebracht. Wir sollten also unser Leben mit Blick auf eine realistische Lebensspanne und entsprechend unserer Fähigkeiten gestalten. Schaffen wir uns entsprechende Lebensumstände, sollten wir entspannen, sie sinnvoll nutzen, aber auch genießen. Tun wir das nicht und überfrachten unser Leben mit allzu großen Erwartungen, werden wir unzufrieden sterben, weil viele unserer Wünsche unerfüllt geblieben sind.

Unser Leben sollte zu gleichen Teilen aus Arbeit *und* Entspannung bestehen. Arbeiten wir ohne Auszeiten, hat unser Leben keinen tieferen Sinn, denke ich; und verbringen wir unser Leben stets in Eile, weil wir zu hoch gesteckten Zielen folgen, stehen wir wie unser Umfeld ständig unter Stress. Halten wir dagegen von Zeit zu Zeit ein wenig inne und kontemplieren über das Thema Vergänglichkeit, kann uns diese Besinnung dabei helfen, unsere Erwartungen zu reduzieren, nicht mehr zu viel zu arbeiten und uns nicht dauernd zu überfordern.

Überwindung der Trägheit

Der dritte Grund schließlich, über Vergänglichkeit nachzudenken, hilft uns, unsere Bequemlichkeit zu überwinden. Während sich die ersten beiden Punkte mit Vergänglichkeit beschäftigen, um uns mehr Realismus nahezulegen, bezogen auf unsere Erwartungen, Wünsche und Pläne im Leben, befasst sich dieser dritte Punkt nun mit dem scheinbaren Gegenteil, nämlich unserer Trägheit. Trägheit bewirkt, dass wir die Dinge, die wir eigentlich tun sollten, immer wieder auf einen späteren Zeitpunkt verschieben. Nehmen wir uns etwas für morgen vor, das wir an sich heute erledigen können, verschieben es dann aber auf übermorgen, weichen wir unserer Verantwortung aus und zeigen, dass wir Vergänglichkeit verdrängen oder nicht wirklich wahrhaben wollen. Damit tun wir uns und anderen keinen Gefallen. Wissen wir um die Natur der Vergänglichkeit, wissen wir auch, dass sich unsere Vorstellungen und Ideen ändern werden, dass letztlich nichts dauerhaft und stabil bleibt und wir nie sicher sein können, was genau im nächsten Moment passiert. Ist uns all dies bewusst, werden wir spontan anfangen, Wichtiges von Unwichtigem zu unterscheiden, und uns bemühen, die wichtigen Dinge alsbald zu erledigen. Entwickeln wir diese Art von Eifer und Tatkraft, werden wir unsere Aufgaben nicht mehr nur halbherzig verrichten. Träge Menschen sind meist nicht an Disziplin oder Regeln interessiert, und man muss sie oft antreiben, damit etwas geschieht. Verpflichten wir uns beispielsweise für eine Arbeit, bei der keine klaren Regeln vorgegeben sind, mögen wir denken, die Aufgabe sei sicher auch später noch zu erledigen. Sind wir doch meist davon überzeugt, dass unsere Situation morgen noch die gleiche sei wie heute. Da sich in Wirklichkeit aber alles ständig ändert, ist es nicht sicher, ob wir morgen auch das gleiche Ergebnis erzielen können wie heute, ob sich nicht vielleicht die Rahmenbedingungen verändert haben und das Vorhaben überhaupt weiterverfolgt werden kann, sprich, ob nicht *morgen* eine Sache einfach zu spät ist. Wir können nicht einmal sicher sein, ob wir morgen noch leben. Führen wir uns dies vor Augen, werden wir ganz von selbst mehr gesunden Eifer an den Tag legen.

Warum alles vergänglich ist

Eine Blume, wie alle Erscheinungen, wandelt sich, weil alles, was entsteht, von Ursachen und Umständen abhängt. Verändern sich Ursachen und Umstände, verändert sich auch ein bestimmtes Phänomen. Dies ist die Natur der Dinge: Alle bedingten Phänomene sind vergänglich. Demgegenüber ist alles, was nicht von Ursachen und Umständen abhängt, unvergänglich wie beispielsweise das, was im Buddhismus als *Raum* bezeichnet wird. Mit *Raum* ist nicht der blaue Himmel gemeint, sondern das, was den Aspekt von *Leerheit* beinhaltet. *Leerheit* wiederum hängt nicht von Ursachen und Umständen ab, bietet aber allen bedingten, vergänglichen Phänomenen *Platz*, sich zu manifestieren und in Erscheinung zu treten. Mehr zu Leerheit und zur Natur der Phänomene lesen Sie in Kapitel *N – Natur (der Phänomene)*.

Wie können wir Vergänglichkeit im Alltag nutzen?

Um mit Vergänglichkeit richtig umzugehen, reicht es nicht aus, dass wir uns ihrer nur bewusst sind. Aber wenn wir mit freudigem Eifer an alle unsere Aufgaben und Verantwortlichkeiten herantreten, von dem Moment, wo wir beginnen, bis zu ihrem Abschluss, können wir den größten Nutzen daraus ziehen. Was immer wir tun, wir sollten uns vergegenwärtigen, dass in allem Vergänglichkeit weilt. Wir können diese Haltung positiv in unser Leben integrieren, wenn wir darüber reflektieren, dass alle fühlenden Wesen und die gesamte äußere Welt vergänglich sind: Die Natur, die Jahreszeiten wandeln sich; menschlicher Ruhm ist nicht von Dauer; und selbst die Menschen, die in der Weltgeschichte die schlimmsten Taten begehen, können sich ändern und entwickeln. Und blicken wir auf unseren eigenen Körper, erfahren wir Vergänglichkeit unmittelbar am eigenen Leib.

Uns all dies bewusst zu machen kann helfen, zufriedener mit dem zu sein, was man hat, und übertriebene Wünsche aufzugeben. Gedanken über die Vergänglichkeit sollten uns nicht belasten, sondern vielmehr motivieren, uns zu entspannen und unser wertvolles Leben nicht im alleinigen Streben nach unbeständigen Dingen zu vergeuden; gleichzeitig können sie uns davon abhalten zu glauben, unser Leben währe ewig und alles habe Zeit, auch später noch getan zu werden. Beide Extreme sollten wir meiden.

Diese positiven Aspekte der Vergänglichkeit können wir noch steigern, wenn wir, wie der Buddhismus empfiehlt, unser Verständnis mit Liebe und Mitgefühl verbinden. Kontemplieren wir über die Unbeständigkeit allen Seins und verknüpfen dies mit dem Wunsch, uns selbst und anderen zu nützen und Gutes zu tun, überwinden wir nicht nur unsere Negativität, sondern ziehen daraus vor allem Kraft und Zuversicht.

W

WETTBEWERB

Was ist Wettbewerb?

Wettbewerb bedeutet zunächst einfach, sich mit anderen Menschen in Bezug auf bestimmte Dinge, Qualitäten, Erfahrungen oder Errungenschaften zu messen und daraus die Motivation zu entwickeln, entweder mindestens genauso gut oder noch besser zu sein. Dementsprechend werden wir dann mittels unseres Körpers, unserer Sprache und unseres Geistes handeln.

Wettbewerb im Alltag

Die Wirtschaft spielt in den meisten Ländern der Erde heutzutage eine zentrale Rolle und mit ihr Wettbewerb und Konkurrenzdenken, was mittlerweile zunehmend auch unseren Alltag prägt. Damit verbunden sind nicht selten Anspannung und Angst. Viele Menschen unterwerfen sich der Idee, Wettbewerb sei notwendig, um den Lebensunterhalt zu sichern oder den errungenen Lebensstandard noch zu steigern. Doch für einige wird der Druck dabei so groß, dass sie an Depressionen leiden oder als letzten scheinbaren Ausweg sogar Suizid begehen.

Es stellt sich darum die Frage, ob es nicht auch einen anderen Weg geben kann, leistungsfähig und produktiv zu sein, ohne sich ständig mit anderen messen zu müssen oder in Konkurrenz mit ihnen zu gehen. Aus meiner Sicht gibt es solch einen Weg, einen Weg, der zu innerem Frieden führt und anderen Wesen keinen Schaden zufügt. Voraussetzung hierfür ist allerdings, dass wir bestimmte Verhaltensweisen aufgeben und andere stärken.

Das, was wir als Erstes aufgeben sollten, ist unser Konkurrenzdenken. Da dieses Denken aber mit so vielen Aspekten unseres Lebens verknüpft ist, möchte ich hier nur auf die, aus meiner Sicht, vier wichtigsten Punkte näher eingehen:

- Konkurrenzdenken und der Wunsch, anderen zu schaden
- Trennung zwischen Gewinnern und Verlierern
- Konkurrenzdenken im Bildungssystem
- Konkurrenzdenken am Arbeitsplatz

Konkurrenzdenken und der Wunsch, anderen zu schaden

Die Verbindung zwischen Konkurrenzdenken und dem Wunsch, anderen zu schaden, basiert auf dem Prinzip von Ursache und Wirkung. Betrachten wir andere Menschen primär als Kontrahenten, sind wir kaum fähig, Mitgefühl, Zuneigung und Wärme für sie zu empfinden. Vielmehr werden wir überlegen, wie wir uns gegen sie am besten durchsetzen oder behaupten können. Aus eigener Erfahrung jedoch wissen wir, dass wir uns in Momenten der Zufriedenheit und des Glücks selten in Konkurrenz mit anderen erleben. Konkurrenzdenken und innerer Frieden stehen in Wirklichkeit in direktem Gegensatz zueinander. Wollen wir also inneren Frieden erfahren, sollten wir jede Art von Wettstreit aufgeben.

Trennung zwischen Gewinnern und Verlierern

Teilen wir unsere Mitmenschen in Gewinner und Verlierer, wird es sehr schwer, einen echten Zustand von Ausgeglichenheit und Entspannung zu erfahren. Wir errichten willkürliche Trennlinien zwischen uns und anderen und wollen in jedem Fall auf der Seite der Gewinner stehen. Das Wohlbefinden anderer leitet dabei nicht primär unsere Interessen; wohin dieses Denken schlimmstenfalls führt, zeigen die beiden Weltkriege des 20. Jahrhunderts. Der grundlegende Gedanke eines jeden Konfliktes ist der, dass einer gewinnen muss und ein anderer verlieren, ungeachtet der Konsequenzen. Die negativen Auswirkungen dieser Einstellung zeigen sich bereits beim Spielen. Spielen wir mit jemandem aus reiner Freude, haben wir Spaß dabei und können die gemeinsame Zeit genießen. Spielen wir dagegen, um zu gewinnen oder andere zu besiegen, sind wir bis zur letzten Sekunde angespannt und empfinden unsere Mitspieler als eine Art *Gegner*.

Während einer Fußballweltmeisterschaft beispielsweise treten viele Mannschaften gegeneinander an, doch am Ende wird sich immer nur eine über den Weltmeistertitel freuen. Die meisten anderen werden ihr Verlieren als Niederlage empfinden, statt sich über die schönen Momente, das gute Zusammenspiel oder den gemeinsam erbrachten Einsatz zu freuen. Bis vor einiger Zeit noch hatte ich keine Ahnung von all den Fußballregeln; als mich dann eines Tages Freunde aufklärten, begann ich immer mit den Mannschaften, die ich mochte, mitzufiebern, und war bis zum Ende des Spiels aufgeregt. Kam der Ball in die Nähe des Tors, rief ich spontan: »*Nun schieß doch endlich*!«, während meine Beine mitzuckten. Kurz gesagt, es war vorbei mit der geistigen Ruhe beim Fußballschauen.

Aber wir sprechen hier ja nicht von der relativ kurzen Zeit, die ein Fußballspiel dauert. Manche Menschen sind fast ein Leben lang völlig gefangen von dem Gedanken, gewinnen zu müssen. Verlieren ist für sie keine Option. Und so gibt es für sie kaum je Gelegenheit, sich zu entspannen – frei von Misstrauen und ständiger Getriebenheit.

Konkurrenzdenken im Bildungssystem

Die meisten von uns halten Wettbewerb im Bildungsbereich für unvermeidbar, um sich später im Leben behaupten zu können. Nichtsdestotrotz bin ich davon überzeugt, dass Konkurrenzdenken keine gute Voraussetzung darstellt für eine optimale Ausbildung. Nützliches und lebensrelevantes Wissen eignen wir uns normalerweise nur an, wenn wir eine echte, tiefer gehende Motivation für das Lernen entwickelt haben und Lernen mit der Gewinnung von entsprechenden Erfahrungswerten verbinden können. Nur so werden wir zu wirklichen Experten auf einem bestimmten Gebiet. Ist uns diese Haltung nicht zu eigen, bleibt das Erlernte oft oberflächlich und wird schnell wieder vergessen. Mehr zu dieser Thematik findet sich auch im Kapitel *L – Lernen*.

Was heißt das nun konkret? Wollen wir zum Beispiel ein *Honigexperte* werden, genügt es nicht nur, gesagt zu bekommen »*Honig ist gelb bis braun, dickflüssig und süß*«. Wir wissen theoretisch, was gemeint ist, doch haben wir Honig noch nie gekostet, fehlt uns das Wesentliche, nämlich die *Erfahrung*. Ohne direkte Erfahrung gewinnen wir keine wirkliche Sachkenntnis und Kompetenz. Erst diese Verbindung von Theorie und eigener Erfahrung lässt uns Wissen jenseits reiner Theorie auch weiter vermitteln.

Erklärt man einem Schüler, er müsse fleißig lernen, damit er seine Klassenkameraden überragt, werden Wettbewerb und Konkurrenz seine Motivation bestimmen. Der eigentliche Lerninhalt und dessen Bezug zum Leben treten in den Hintergrund. Fällt dagegen der Fokus auf den Wettstreit weg, und der Schüler konzentriert sich mehr auf den Nutzen, den ihm der Lernstoff für seinen Lebensweg eröffnet, wird er echtes Interesse entwickeln können.

Die Qualität des Lernens unterscheidet sich dabei erheblich: Konkurriert ein Schüler mit anderen, wird er aus Sorge, nicht gut abzuschneiden oder anderen zu unterliegen, ständig innerem Druck und Anspannung ausgesetzt sein und vermutlich nur äußerst selten bis gar keine Freude beim Lernen verspüren. Ist er dagegen am Lernstoff an sich interessiert und in der Lage, einen Bezug zu seinem Leben herzustellen, wird ihm das Lernen Spaß machen; er wird mit Wissensdurst und Eifer dabei sein, eigenständig Fragen stellen, neue Ideen und Erfahrungen sammeln und den Stoff ganz anders, das heißt reich an Erfahrungswerten, verinnerlichen.

Konkurrenzdenken am Arbeitsplatz

Ob wir in einer Firma arbeiten, Politiker sind oder eine religiöse Funktion ausüben, gewöhnlich wird uns vermittelt, dass es notwendig sei, sich gegen andere durchzusetzen. Als Angestellte können wir dem möglicherweise noch entgehen, doch sobald wir eine Führungsposition erlangen, scheint es die Natur dieser Stellung, sich gegenüber anderen profilieren zu müssen. Erfüllen wir diese an uns gestellten Erwartungen, ist auch zu erwarten, dass unser Geist kaum noch Ruhe findet, geschweige denn friedvoll bleibt.

Die Alternative hierzu ist, unsere Arbeit so gut wie möglich und mit einer positiven Haltung uns selbst, unseren Mitarbeitern, Vorgesetzten oder Untergebenen gegenüber auszuführen. Arbeiten wir in einem Büro, verdienen wir damit natürlich vor allem unseren Lebensunterhalt. Gleichzeitig können wir, während wir unsere Arbeit bestmöglich verrichten, eine positive Einstellung unseren Kollegen gegenüber erzeugen, verbunden mit dem Wunsch, sie bei ihrer Arbeit zu unterstützen, damit sie ebenfalls ihren Lebensunterhalt gut bestreiten können. Wir werden weiterhin unseren Verdienst erhalten und dabei zusätzlich einen friedvollen und ruhigeren Geist entwickeln.

Geht es uns gut und den Menschen um uns herum, werden andere Mitarbeiter vielleicht auch motiviert, positiver und mit mehr Herzenswärme zusammenzuarbeiten. Zunehmende Warmherzigkeit unter Kollegen zeigt sich schließlich darin, dass sie sich stärker füreinander einsetzen, statt einander primär übertreffen, ausstechen oder übervorteilen zu wollen. Menschen, die solidarisch, hilfsbereit und kollegial sind, sind wie ein Magnet, zu dem es andere zieht; wenn sie ihre Stelle wechseln, hinterlassen sie meist eine große Lücke und werden sehr vermisst.

Alle diese Punkte sollen veranschaulichen, dass Konkurrenzdenken generell unseren inneren Frieden zerstört und uns daran hindert, einen ruhigen, liebevollen, ausgeglichenen Geist zu entwickeln. Wettstreit errichtet nur unnötige Barrieren zwischen uns und anderen, indem er Misstrauen,

Anspannung, Verunsicherung und vieles Negative mehr fördert und verstärkt.

Qualitäten eines ausgeglichenen Lebens

Nun möchte ich die Qualitäten aufzeigen, die wir entwickeln können, um ein ausgeglichenes Leben zu führen, das anderen nicht schadet und zu allgemeinem Wohlbefinden beiträgt.

Zwei Qualitäten halte ich hier für besonders wichtig:

- **Verständnis für andere**
- **Menschliche Wärme**

Verständnis für andere

Verständnis bedeutet, die Situation anderer zu verstehen und deren Bedürfnisse zu erkennen. Eine Familie beispielsweise wird dann glücklich zusammenleben, wenn jedes Mitglied verständnisvoll mit den anderen umgeht. Denkt dagegen jeder nur an sich, ohne sich zu kümmern, wie es den Menschen um ihn herum geht, kommt es zu Streit, und alle Beteiligten leiden.

Als ich als Kind Yaks hütete, mochte ich die kleinen Kälber besonders gern. Ich wollte unbedingt mit ihnen spielen und rannte hinter ihnen her, um sie festzuhalten. Natürlich hatten sie Angst vor mir und liefen fort, doch das konnte ich damals nicht verstehen. Eines Tages hielt ich einem der Kälber die Hand hin, und es fing an, das Salz von meiner Haut zu schlecken. Es schien ihm ganz vorzüglich zu schmecken, was wohl daran lag, dass wir im Dolpo keine besonders ausgeprägte Waschkultur haben. Doch nun begriff ich endlich, was ich tun musste, um mich den Kälbern zu nähern. Genau das meine ich mit dem Verständnis für die Bedürfnisse anderer. Geben wir anderen, was sie brauchen, erhalten wir ganz natürlich das zurück, was wir selber gerne mögen. Dies gehört gleichfalls zur Natur der Dinge und funktioniert auf allen Ebenen – der privaten, gesellschaftlichen, kulturellen, aber auch wirtschaftlichen. Auch aus diesem Grund sollten wir grundsätzlich mehr Verständnis für andere Menschen, Kulturen, Religionen und Gesellschaften aufbringen.

Menschliche Wärme

Im religiösen Kontext sprechen wir oft von Mitgefühl und Liebe. Diese Qualitäten, besonders unsere menschliche Wärme und Anteilnahme, sollten das Herz unseres Alltag bilden. Haben wir Haustiere, halten wir diese ja im Allgemeinen nicht deshalb, weil sie Arbeit zu erfüllen hätten. Wir kümmern uns aus reiner Zuneigung um sie und bringen ihnen häufig sehr viel weniger Erwartungen entgegen als unseren Mitmenschen. Dies ist wohl einer der Gründe, weshalb die Beziehung zu einem Haustier zuweilen so tief gehen kann. Bei unseren sogenannten Nutztieren dagegen ist das meist ganz anders. Sie werden zwar von uns gefüttert und bis zu einem gewissen Grad umsorgt, doch gleichzeitig verlangen wir sehr viel von ihnen. Und dies zeigt sich deutlich in ihrem Verhalten. Ein Hund wird uns freudig begrüßen, während Arbeitstiere sich eher ungern ihren Besitzern nähern. Auch zwischen Mensch und Tier beruht also das Gefühl von gegenseitiger Nähe auf dem Maß an Liebe, das sie füreinander empfinden.

Wir alle kennen es vielleicht, wenn eine Beziehung von echter Liebe und Zuneigung getragen wird, beide Partner glücklich sind und ihr Zuhause ein Quell der Ruhe und des Friedens darstellt. Ganz gleich, welche Schwierigkeiten das Leben bieten mag, dort findet sich immer ein Ort des Rückzugs, an dem man sich voll und ganz wohlfühlt und Kraft tanken kann.

Im Buddhismus gibt es zwei Methoden, um Liebe und Mitgefühl zu entwickeln. Die erste Methode lehrt, andere mit uns selbst gleichzusetzen, sich also vorzustellen, dass alles, was mir Leiden bringt, auch andere Leid empfinden lässt und umgekehrt alles, was mein Glück fördert, auch das der anderen fördert. Mithilfe unserer eigenen Erfahrungen können wir darüber reflektieren, wie es sich anfühlt, grob behandelt zu werden oder schlimme Nachrichten zu erfahren. Verändern wir also auf diese Weise unseren Blick, wird es viel leichter fallen, Liebe und Herzenswärme für andere und deren Situation zu empfinden.

Mit der zweiten Methode üben wir, uns gedanklich in die Lage anderer einzufühlen und deren Platz in einer bestimmten Situation einzunehmen. Wie fühlt es sich an als Obdachloser am Straßenrand in all dem Schmutz und bei jedem Wetter ohne Dach überm Kopf? Wie fühlt sich ein alter, kranker Mensch im Heim, für den sich keiner mehr interessiert? Was fühlt ein Rind in einem Viehtransport auf dem Weg zum Schlachthof? Oder wie fühlt sich ein Kind, dem man sagt, es tauge nichts und sei zu dumm für eine Aufgabe, oder ein Mitarbeiter, den man meidet, nur weil es irgendein Vorgesetzter so will? Es gibt unzählige Situationen, in die wir uns einfühlen können. Üben wir uns regelmäßig darin, werden wir ganz selbstverständlich mehr Empathie und Verständnis für andere aufbringen.

Geben wir also diesen zwei Qualitäten – Verständnis für andere sowie Liebe und menschliche Wärme – mehr Raum, werden wir ein sinnerfüllteres Leben führen, es vermeiden, anderen bewusst zu schaden, und damit haben wir eine echte Chance, glücklich zu sein.

X

XENOPHOBIE

Was ist Xenophobie?

Bei einer Phobie sprechen wir im Allgemeinen von einer Furcht, welche die reale Situation überzeichnet. Was bedeutet das? Es bedeutet einen Angstzustand, der auf Erklärungen gründet, die die wahren Begebenheiten und private wie gesellschaftliche Realitäten übermäßig verzerren. Aus dieser Angst heraus können wir nicht mehr unterscheiden zwischen dem, was passieren könnte, was passiert ist, und dem, was tatsächlich gerade geschieht. Und so wissen wir nicht mehr, was wahr sein könnte und was nicht. Dies beeinflusst als Erstes unsere geistige Gesundheit und dann die körperliche. Angst hat aber nicht nur für uns selbst negative Folgen, sondern auch für eine Gesellschaft oder eine Religion, und kann gravierende Konflikte heraufbeschwören. Das Wohl eines ganzen Landes wird dadurch mitunter in Mitleidenschaft gezogen.

Xenophobie ist ein Phänomen, das man in den meisten Ländern finden kann, und bezieht sich in aller Regel auf Menschen, die wir als andersartig identifizieren. Diese Andersartigkeit kann auf ganz unterschiedlichen Aspekten beruhen wie Hautfarbe, Sprache, ethnische Zugehörigkeit, Religion, Kultur, Gepflogenheiten und anderes mehr. All diese Fremdartigkeiten können gesellschaftlich überzeichnet und gedanklich so stark genährt werden, dass Menschen schließlich beginnen, klare Grenzen zu ziehen zwischen denjenigen, die *dazugehören*, und denen, die ausgeschlossen sind.

Ausgehend von diesen Abgrenzungen entwickeln sich die ungezählten Konflikte, die wir überall beobachten können. So leben Menschen zwar im gleichen Land, werden aber aufgrund ihrer Religionszugehörigkeit aus der Gesellschaft ausgeschlossen; oder umgekehrt, sie zählen zur gleichen Religion und werden wegen ihrer ethnischen Zugehörigkeit ausgegrenzt.

In jedem Fall steigert sich bei einer Xenophobie die Angst vor dem Fremden bis zu dem Punkt, an dem man unrealistische Gefahren zu erkennen glaubt, vor denen man meint sich schützen zu müssen. Es ist eine ausufernde Furcht davor, dass andere stärker, besser, sprich überlegener seien und man selbst Einfluss, Arbeit oder Selbstbestimmung verliert. Dahinter steht letzten Endes die diffuse Angst, dass die eigene Existenz, das Überleben auf dem Spiel stehe. Dies beinhaltet die Furcht vor dem Verlust der eigenen Sprache und Kultur genauso wie die Sorge vor dem Vergessen der eigenen Geschichte.

In der Hoffnung, sein gewohntes Umfeld zu schützen sowie Arbeit, Errungenschaften und Einfluss zu sichern, wird alles Fremde ferngehalten und jede Verbindung zu ihm gemieden. Auf diese Weise hoffen wir das vermeintlich Genuine, Eigene zu bewahren.

Das ist die eine Seite, auf der anderen Seite jedoch gibt es in der Tat auch angebrachte und berechtigte Befürchtungen vor kritischen Veränderungen angesichts bestimmter realer Gegebenheiten. Doch die Art, wie wir ihnen begegnen können, ist dabei eine andere. Wenn wir gesellschaftliche Veränderungen aufmerksam beobachten, können wir unsere Achtsamkeit schulen und mögliche Konflikte, Gesetzeswidrigkeiten oder Verschlechterungen unserer ökonomischen Situation frühzeitig wahrnehmen. Diese Form von Aufmerksamkeit ist sinnvoll und notwendig, und indem wir negative Entwicklungen rechtzeitig erkennen, können wir gegensteuern und uns schützen.

Xenophobie im Alltag

Buddha lehrte, dass wir uns stets die negativen Auswirkungen von Unachtsamkeit vergegenwärtigen sollen. Auf diese Weise können wir uns in Voraussicht üben und unnötige Fehler vermeiden. Indem wir die Folgen negativen Tuns klar erkennen, kann uns dies davor bewahren, unheilvolle Handlungen zu begehen.

Der Schaden, den Xenophobie anrichtet

Zunächst möchte ich betonen, dass ich es sehr wohl für angebracht halte, im Umgang mit fremden Einflüssen Umsicht walten zu lassen. Auch ohne gezielte Absichten kann eine Gesellschaft überfremdet und die vorherrschende Sprache, Kultur und Tradition stark beeinflusst, verdrängt oder gar ausgelöscht werden. Dem sollten wir so früh wie möglich begegnen und angemessene Maßnahmen in die Wege leiten. Das Fundament dieser Art Selbstschutz sollte aber die Anerkennung der Gleichwertigkeit aller Menschen bilden sowie die Absicht, die Rechte der anderen zu achten. Dann gewinnen im Idealfall beide Seiten. Zumindest jedoch sollten keine einschneidenden Nachteile für die Gruppen entstehen, die wir als *fremd* wahrnehmen, und gleichzeitig sollte die Lebensgrundlage der Einheimischen gesichert sein.

Eine übermäßige, unrealistische Furcht vor Fremden jedoch wird jedes friedliche Zusammenleben unmöglich machen. Überzogene Sorgen dahingehend, dass wir unseren Arbeitsplatz, Einfluss oder Kontrolle verlieren, verhindern innere Ruhe und sind potenzielle Quellen für einen blutigen Konflikt. Xenophobie lässt uns andere nicht mehr als vollwertige Menschen erkennen und übersieht, dass jeder Mensch von anderen abhängt. Herrscht innerhalb der verschiedenen Volksgruppen nicht das Bewusstsein vor, dass sich alle Gemeinschaften gegenseitig unterstützen müssen, um friedlich zusammenzuleben, werden sie in den jeweils anderen primär Widersacher sehen. Auf dieser Haltung gründet die überwiegende Mehrheit der Konflikte und Kriege in unserer Welt. Die schlimmsten Auswüchse sind der Genozid, das heißt die Absicht, bestimmte Gruppierungen vollständig auszulöschen. Geht man nicht so weit, wird Fremden nicht selten die Lebensgrundlage entzogen, indem man ihnen Arbeit verwehrt, keinen gesellschaftlichen Schutz gewährt oder ihnen jede Form von Mitgestaltung und Mitbestimmung verweigert. Diese Art, in das Leben von Menschen einzugreifen, widerspricht unserer menschlichen Natur. Denn jeder Einzelne besitzt nicht nur das Recht, sein Leben selbst in die Hand zu nehmen, es ist sogar seine Verantwortung. Aber dafür andere zu diskriminieren oder vernichten zu wollen ist nicht richtig. Die Lebensgeschichten von Nelson Mandela, dem Dalai Lama oder Mahatma Gandhi zeigen, dass wir die eigenen Interessen sehr wohl schützen können, ohne gleichzeitig anderen zu schaden.

Ein weiterer Makel von Xenophobie ist, dass wir durch unsere Ablehnung des Fremden nicht bereit sind, den Reichtum anderer an Wissen und Erfahrung anzuerkennen und mit dem eigenen Wissensschatz zu verbinden. Wenn wir in anderen nur potenzielle Gegner sehen, treten wir nicht in Kontakt mit ihnen und nehmen uns gleichzeitig die Möglichkeit, sie überhaupt erst kennenzulernen oder von ihnen zu lernen. Wüssten wir mehr über *die anderen*, würde unsere Angst vor ihnen vermutlich schnell schwinden. Zur Entfaltung einer reichen, lebendigen und vielgestaltigen Kultur ist es notwendig, auch Einflüsse anderer Kulturen aufzugreifen und die eigene mit dem Besten daraus zu bereichern.

Methoden, Xenophobie zu überwinden

Ich möchte hier fünf Methoden vorstellen, die uns dabei unterstützen können, eine übersteigerte Furcht vor dem Fremden zu überwinden.

Die prinzipielle Gleichheit aller Menschen verstehen

Die grundlegende Gleichwertigkeit aller Menschen schließt per se jede Form von Diskriminierung aus. Unterscheiden wir Menschen aufgrund ihrer Hautfarbe, ethnischen Herkunft, Staatsbürgerschaft oder Religion, schaffen wir fast automatisch eine kaum zu überbrückende Distanz. Nur wenn wir erkennen, dass alle Menschen genau wie wir grundsätzlich nach Wohlbefinden streben und nicht leiden wollen, können wir eine authentische Verbindung mit ihnen herstellen. Mehr zu dieser prinzipiellen Gleichwertigkeit findet sich in Kapitel *D – Dharma*.

Menschen, die sich begrüßen, fragen oft danach, wie es dem anderen geht, ob er schon gegessen hat oder wie es seiner Familie geht, und manchmal sagen sie einfach nur ein herzliches *Hallo*. Sie drücken damit aus, dass sie die andere Person direkt wahrnehmen, den anderen wertschätzen und sich auf gleicher Ebene begegnen. Mit einer Begrüßung also können wir viele Facetten unserer eigentlichen Natur zum

Ausdruck bringen. Wenn wir fremden Menschen begegnen, sollten wir deshalb versuchen, vor allem drei Merkmale in ihnen zu erkennen: (1) Jeder möchte glücklich sein und sich wohlfühlen; (2) keiner möchte Leid erfahren; (3) jeder verfügt essenziell über Liebe, Mitgefühl und innere Wärme. All dies liegt in unserer menschlichen Natur und ist spontan präsent. Nehmen wir aber Menschen vorrangig anhand ihres gesellschaftlichen Status, ihrer Staatsangehörigkeit, ihres Einflusses oder ihres Vermögens wahr, verliert unser Umgang mit ihnen seine Natürlichkeit. Wir beziehen uns lediglich auf eine Äußerlichkeit oder Maske, ohne deren Träger dahinter zu erkennen. Erst wenn wir entdecken, wer sich hinter der Maske verbirgt, können wir auch wirklich entscheiden, ob und auf welche Weise wir mit dieser Person in Kontakt treten wollen. Erkennen wir Menschen direkt und unmittelbar, verlieren wir allmählich auch unsere ungreifbare Angst vor allem Unbekannten.

Die Notwendigkeit ausländischer Arbeitskräfte für die Wirtschaft

In vielen Ländern der Erde werden die in der Regel schlechter bezahlten, aber körperlich anstrengenderen Arbeiten fast ausschließlich von Migranten geleistet. Ohne sie lägen ganze Wirtschaftszweige brach, da die Mehrzahl der Einheimischen diese Arbeiten nicht verrichten will oder es hierfür nicht mehr ausreichend Arbeitskräfte gibt. In Deutschland zum Beispiel wird die seit gut vierzig Jahren stetig abnehmende

Geburtenrate nur mithilfe der Zuwanderer auf derzeit relativ konstanten 1,4 Kindern pro Frau gehalten[15]. Ohne die vielen Menschen, die nach Deutschland kommen, um zu arbeiten, sich eine neue Existenz aufzubauen und Teil der Gesellschaft zu werden, stünde das Land vor großen sozialen Problemen und einem enormen Ungleichgewicht zwischen jungen und alten Menschen.

Beachten der realen Weltsituation

Es gibt viele Menschen, die ihre Heimatländer aus verschiedensten, freiwilligen wie unfreiwilligen Gründen verlassen, um an anderen Orten zu leben. Nach Angaben der Vereinten Nationen gab es 2013 weltweit 232 Millionen Migranten, was knapp 3,2% der gesamten Weltbevölkerung[16] ausmacht. Da die Zahl dieser Menschen in Zukunft wohl eher zu- als abnehmen wird, müssen wir uns allein schon aus humanitären Gründen um deren Wohlbefinden sorgen, aber auch, weil andernfalls die Bevölkerungen der Einwanderungsländer aufgrund sozialer Unruhen Schaden nehmen und leiden würden. Ausgrenzung schafft nur noch mehr Probleme und Konflikte, statt sie zu lösen. Da die Bevölkerungen bereits weltweit, was Herkunft und Religion betrifft, vermischt sind und dieser Trend stetig zunimmt, gibt es auch keine Möglichkeit mehr, diese Tatsache umzukehren. Zwar sind die Grenzen vieler Länder heute klar gezogen, aber in den meisten Fällen doch so weit durchlässig gehalten, um voneinander, vor allem wirtschaftlich, zu profitieren.

Kommunikation statt Xenophobie

Durch offene Kommunikation können beide Seiten viel gewinnen und Neues lernen. Jeder Austausch hilft, den anderen besser zu verstehen und einander näherzukommen. Dies geschieht zum Beispiel auch, wenn wir unsere eigene Geschichte erzählen. Besonders wichtig ist, dass wir das Verhalten anderer richtig einschätzen lernen, um zu erkennen, dass hinter vielen Verhaltensweisen in Wirklichkeit keine böse Absicht steht, sondern lediglich Unkenntnis oder Unwissenheit – und dass Menschen oft einfach nur Fehler begehen. Mehr zum Thema Unwissenheit findet sich in Kapitel *U – Unwissenheit*.

Überwindung von Xenophobie durch Wissen

Häufig haben wir von Anfang an einen bestimmten Blick auf Menschen, die uns fremd sind. Ohne deren Geschichte und Hintergründe zu kennen, bilden wir uns viel zu schnell eine Meinung; so entstehen Vorurteile. Manche Menschen glauben zum Beispiel, der Islam vertrete Krieg als legitimes Mittel. Befassen wir uns aber näher damit, werden wir finden, dass das Wort *Dschihad* im Kern nichts mit der Ausübung von Gewalt zu tun hat, sondern sich im Arabischen wörtlich von *sich einsetzen für* oder *sich bemühen um* ableitet. Es bedeutet zunächst einfach nur *Anstrengung*, *Bemühung*, *Einsatz*. Damit gemeint ist, sich für die Sache Gottes einzusetzen, was auch im Islam damit beginnt, die eigenen negativen Geisteszustände und inneren Hindernisse zu erkennen. Denn sie verursachen sowohl persönlichen wie gesellschaftlichen Schaden.

Diese gilt es deshalb zu bekämpfen und somit den eigenen Geist zu befrieden. Die Praxis dazu fußt auf den fünf beziehungsweise sieben Grundpfeilern des islamischen Glaubens, deren letztgültiges Ziel es ist, eine Welt des Friedens zu schaffen. Kennen wir nun diese Hintergründe nicht, bildet sich jeder schnell seine persönlichen Vorstellungen und Konzepte. Zu diesem Thema gibt es im Übrigen einen sehr guten indischen Film mit dem Titel *Mein Name ist Kahn* aus dem Jahr 2010. Er zeigt sehr schön und berührend, wie der Islam im Alltag positiv umgesetzt werden kann.

Um Vorurteile und Vorverurteilungen zu vermeiden, gibt es in vielen Ländern mittlerweile Unterrichtsfächer, die das Kennenlernen der unterschiedlichen Kulturen zum Inhalt haben. Dies scheint mir eine sehr sinnvolle Methode, denn dadurch wird Wissen gefördert, das sich in die Gesellschaft hinein verbreiten kann. Eine andere Methode ist zu reisen. Sind wir aufgeschlossen und lassen uns auf das Fremde der jeweiligen Länder ein, können wir unsere eigenen Erfahrungen sammeln. Wir können die Welt mit einem riesigen Buch vergleichen, in dem die verschiedenen Menschen, Kulturen, Religionen, philosophischen Sichtweisen, Traditionen, Gepflogenheiten und künstlerischen Ausdrucksformen jeweils eigene Kapitel darstellen. Ein offener Geist hilft also, unsere Angst und Vorbehalte zu überwinden.

Abschließend liegt mir noch besonders am Herzen, die Situation von Flüchtlingen anzusprechen. Ihnen sollte unser ganzes Mitgefühl gelten. Es gibt kaum Schlimmeres, als nach reichlich erlittenem Leid seine Heimat verlassen zu müssen und das gewohnte Leben zu verlieren, um anschließend in einem fremden Land erneut nicht willkommen zu sein und möglicherweise jedes Recht auf Selbstbestimmung verwehrt zu bekommen. Wenn wir dieses Mitgefühl in der Tiefe unseres Herzens empfinden können, wird es unmöglich, Menschen auszugrenzen oder Xenophobie zu entwickeln.

Y

YOGA

Was ist Yoga?

Das Wort *Yoga* stammt aus dem Sanskrit und wurde ins Tibetische mit *nalschor* übersetzt. *Nal* ist Teil des Wortes *nal-ma* und bedeutet *wahr*, *echt*, *eigentlich*; es bezieht sich hier vor allem auf die wahre Natur der Phänomene. Aus buddhistischer Sicht heißt das, alle Erscheinungen entstehen in gegenseitiger Abhängigkeit, sind also bedingt durch Ursachen und Umstände und gleichzeitig in ihrer Essenz *leer,* das heißt frei von eigenständiger Existenz. Mehr zu den Themen Leerheit und abhängiges Entstehen findet sich in Kapitel *N – Natur.*

Die Silbe *Schor* in *nalschor* kann mit *erreichen* übersetzt werden. In Verbindung mit *nal* bedeutet es, die Erkenntnis der Natur aller Phänomene erlangt zu haben. Der Weg dorthin führt über die Übungen der inneren Kanäle und des inneren Windes. Mithilfe dieser Übungen und unseres regelmäßigen Trainings gewinnen wir schließlich Einsicht in die

Natur unseres Geistes; die Natur des Geistes erfahren wir, indem wir in ihr in Ruhe verweilen. Dies wird im Sanskrit Shamatha-Meditation genannt. Die umfassende Bedeutung von *Nalschor* ist also *das Erkennen der Natur der Phänomene wie unseres Geistes und unser ruhiges Verweilen darin.*

Diese Erklärung des Wortes unterscheidet sich sehr von dem, was wir normalerweise unter *Yoga* verstehen. Als Yoga bezeichnen wir gemeinhin bestimmte Körperübungen, daneben aber auch Atemübungen und Übungen mit den inneren Essenztropfen. Dennoch sind dies eigentlich nur Methoden der Vorbereitung, um das eigentliche *Yoga* oder *nalschor* zu erfahren. Praktizieren wir nur diese drei, ist das völlig in Ordnung, denn sie bilden die notwendige Grundlage des eigentlichen Yoga.

Yoga im Alltag

Es gibt Belege, dass Buddha Shakyamuni selbst Yoga praktizierte und darüber auch lehrte, deshalb ist Yoga Teil der buddhistischen Lehren.

Die Geschichte des Yoga im Buddhismus

Nach seiner Ordination verbrachte Buddha sechs Jahre an einem Fluss namens Narentsana nahe Bodhgaya. Dort praktizierte er eine Form der yogischen Askese, bei der er sich lediglich von einem Reiskorn und einem Tropfen Wasser pro Tag ernährte. Manche mögen nun denken, dass man dies nicht wirklich als Yoga bezeichnen könne, da ja der Körper nicht bewegt würde. Auf diesen Aspekt werde ich gleich noch eingehen, im Zusammenhang mit den verschiedenen Arten der Übungen.

Buddha jedenfalls konzentrierte sich zu jener Zeit auf das Geistestraining, zu dem er bei verschiedenen Lehrern Unterweisungen erhielt. Gleichzeitig übte er sich in der Meditation des ruhigen Verweilens und der klaren Einsicht. Er erkannte schließlich die wahre Natur der Phänomene, deren Leerheit und wie alle Dinge aufgrund abhängigen Entstehens in Erscheinung treten. Nachdem er also das, was wir Erleuchtung nennen, erlangt hatte, begann er zu lehren und das Dharma-Rad dreimal zu drehen, wie es heißt. Und hier finden wir dann auch Erklärungen zu den yogischen Übungen.

Buddha gab dabei zwei Arten von Lehren: Sutra- und Tantra-Lehren. Die Sutras beinhalten die Lehrreden und Diskurse des Buddha und wurden etwa ab dem 1. Jahrhundert vor Christus aufgezeichnet. Darin beschreibt Buddha zum Beispiel, auf welche Weise wir den Atem als Unterstützung für unsere Meditation des ruhigen Verweilens einsetzen können – eine Form von Yogapraxis. Die Atemübungen werden im Sanskrit *Pranayama* genannt.

Die Tantras sind buddhistische Lehren, die den Schüler schnell und ohne Mühe zur Buddhaschaft leiten sollen, insbesondere durch Transformation unreiner in reine Wahrnehmungen. Bezogen auf die Tantra-Lehren sprechen wir innerhalb des tibetischen Buddhismus von drei Ebenen der Yogapraxis: *Mahayoga*, *Anuyoga* und *Atiyoga*. Hier ist das Wort *Yoga* bereits im Namen integriert. Im *Mahayoga* stehen insbesondere die Atemübungen und deren Verbindung mit dem inneren Wind beziehungsweise den inneren Energien sowie die Übungen der inneren Bahnen im Vordergrund; im *Anuyoga* liegt der Schwerpunkt auf den Übungen der inneren Essenztropfen, und im *Atiyoga*, auch *Dzogchen* genannt, geht es primär darum – basierend auf Atempraxis und Übungen zu den inneren Bahnen –, unsere ursprüngliche Weisheit zum Vorschein zu bringen.

Diese verschiedenen Arten der Yogapraxis lehrte Buddha, um auf die unterschiedlichen Voraussetzungen und Veranlagungen der einzelnen Schüler einzugehen und für jeden einen geeigneten Weg zu zeigen.

Einer der bedeutendsten tibetischen Gelehrten aus dem 14. Jahrhundert (vermutlich 1308–1363), Longchen Rabjam (Longchenpa), sagte einmal, dass die yogischen Übungen stets Teil der buddhistischen Meditationspraxis gewesen seien, angefangen von den Atemübungen bis zu den höchsten Lehren des geheimen *Mantrayana* – wie bestimmte Lehren des tibetischen Buddhismus auch bezeichnet werden. In Tibet wurden diese Yogalehren von Padmasambhava im 8. bis 9. Jahrhundert verbreitet. Dabei verbarg er einen Teil der Lehrtexte (sogenannte Termas), da sie erst zu einem späteren Zeitpunkt entdeckt und gelehrt werden sollten. Teilweise wurden sie erst Jahrhunderte später gefunden. Padmasambhava gilt als Begründer des Buddhismus in Tibet.

Die verschiedenen Arten der yogischen Übungen

Bezogen auf unsere Körper-Geist-Verbindung gibt es aus buddhistischer Sicht vier Ebenen, die im Tibetischen *tsa*, *lung*, *tigle* und *sem* beziehungsweise *yesche* heißen und aufs Engste miteinander verknüpft sind. Mit *tsa* werden die physischen und energetischen Bahnen innerhalb des Körpers bezeichnet wie beispielsweise unsere Blutbahnen und das Nervensystem; mit *lung* bezeichnen wir den inneren Wind oder die Energie im Körper; mit *tigle* die inneren Essenztropfen; und *sem* schließlich bezieht sich auf unseren gewöhnlichen, konzeptuellen Geist beziehungsweise *yesche* auf die ursprüngliche, natürliche Weisheit. Was wir letztlich mithilfe der yogischen Übungen zum Vorschein bringen wollen, ist *yesche*, also die ursprüngliche Weisheit. Dies geschieht, indem wir den Zustand der inneren Bahnen, der inneren Energie und der inneren Essenztropfen so verändern, dass sich die Konzepte, auf die sich unser diskursiver, intellektueller Geist (= *sem*) stützt, auflösen können.

Stellen wir uns die ursprüngliche Weisheit als abgespeicherte Informationen auf einer Festplatte vor, die wir auf unserem Bildschirm erscheinen lassen wollen: Damit dies geschieht, brauchen wir zunächst die entsprechenden Hardware-Elemente wie Tastatur, Maus oder Touchpad, Kabel und so fort, also unseren physischen Körper. Ein Weg nun, die Urweisheit sozusagen auf dem *Bildschirm* erscheinen zu lassen, ist, in bestimmter Weise auf verschiedene Punkte unseres Körpers Druck auszuüben, um so die inneren Kanäle zu aktivieren – vergleichbar dem Stromkabel eines Computers. Mit der Aktivierung des Kabels werden feinste Partikelchen, unsere inneren Essenztropfen (*tigle)* in Bewegung gesetzt. Der Strom folglich, welcher die Partikel bewegt, kann mit unserer inneren Energie, dem *lung*, verglichen werden; und unser gewöhnlicher Geist (*sem*) entspricht dem Monitor. Erscheinen nun die Partikel (unsere Informationen) auf dem Bildschirm, weil sie elektrisch durch das Kabel von der Festplatte dorthin gebracht wurden, entspricht dies der Urweisheit, die über die inneren Bahnen mittels der inneren Energie in Form der inneren Essenztropfen in unserem Geist erscheint. Alle unsere Qualitäten treten so in Erscheinung.

Ein anderes Beispiel, diesen Vorgang zu beschreiben, ist die Bestellung eines Getreidefeldes: Wesentlich sind hier Samen und Feld. Doch damit die Samen wachsen können, braucht man Wasser, und damit dieses zum Feld und zu den Samen gelangen kann, benötigen wir Bewässerungskanäle. Diese Kanäle können wir mit unseren inneren Bahnen (*tsa*) vergleichen. Mithilfe von Energie wird das Wasser zum Fließen gebracht und erreicht schließlich die Samen. Die Energie entspricht also unserem inneren Wind (*lung)* und das Wasser unseren inneren Essenztropfen (*tigle)*. Jetzt kann das Getreide wachsen und zum Vorschein kommen, was unserer ursprünglichen Weisheit (*yesche*) entspricht.

Unser gesamter Körper ist also wie ein Feld, das durchzogen ist von inneren Bahnen. Führen wir nun mit dem

Körper bestimmte Übungen aus, bewirken wir, dass unsere Bahnen geschmeidig werden und sich sogenannte Verknotungen lösen, die andernfalls negative Gedanken erzeugen. Deshalb sind die Körperübungen so wichtig.

Die Organe in unserem Körper, also Herz, Lunge, Leber, Nieren und so fort, sind allesamt verbunden über die Blutgefäße. Wenn auch nur eines dieser Gefäße verengt oder verstopft ist, fließt weniger Blut hindurch, und der Blutdruck steigt. Dadurch kann die Energie nicht mehr frei fließen, und somit können die inneren Essenztropfen im Körper nicht mehr richtig zirkulieren. Ein Anzeichen hierfür ist, wenn unsere Haut fahl und blass wird.

Bezogen auf unsere körperliche Beschaffenheit gehen wir von drei subtilen Hauptenergiebahnen beziehungsweise Energiekanälen sowie fünf Energiezentren oder Chakras, die als Räder visualisiert werden, aus. Es gibt einen mittleren, einen rechten und einen linken Energiekanal, die *uma* (Mitte), *roma* und *kyangma* genannt werden. *Roma* ist der Kanal, durch den die weißen inneren Essenztropfen des Vaters fließen, *kyangma* derjenige, durch den die roten inneren Essenztropfen der Mutter strömen. Über den mittleren Kanal erlangen wir schließlich die Erkenntnis der Natur der Phänomene und des Geistes; und damit kommt die eigentliche Bedeutung von Yoga beziehungsweise *nalschor* zum Vorschein. Wollten wir versuchen, die Energiezentren und Kanäle im Körper durch Röntgenaufnahmen oder Operationen ausfindig zu machen, würden wir nichts Substanzielles finden. Wir können uns diese subtilen Bereiche vielmehr wie Farben eines Regenbogens vorstellen, die am Himmel erscheinen. Es sind Energien unseres Körpers, die zwar in Erscheinung treten, sich aber materiell nicht fassen lassen.

Chakra kommt aus dem Sanskrit und bedeutet wörtlich *Rad*. In alten Zeiten wurden Frisbee-ähnliche Räder, sogenannte Chakras, mit Klingen ausgestattet und von Königen als Waffen benutzt. Da wir mittels der Übungen, in die wir die Energiezentren einbeziehen, unsere *Feinde*, die negativen Emotionen *bekämpfen* oder besser transformieren wollen, wurde dieses Wort als geeignete Bezeichnung gewählt.

Je nach yogischer Tradition gibt es unterschiedliche Zählweisen der Chakras, die zwischen drei und sieben schwanken können. In diesem Zusammenhang beziehe ich mich auf eine der Zählweisen aus der buddhistischen Tradition und spreche von fünf Chakras.

Diese fünf Chakras befinden sich an Stirn, Kehle, auf Herzhöhe, am Nabel und am geheimen Ort der weiblichen respektive männlichen Geschlechtsteile. Dies bedeutet allerdings nicht, dass sich dort auch tatsächlich *Räder* befinden; man kann sie sich eher als eine Art dynamische Ansammlung oder Bündelung von Energie vorstellen, deren Erscheinungsform mehr derjenigen unserer Energiebahnen gleicht. Während unserer Praxis visualisieren wir dann an diesen Stellen Keimsilben; daneben beziehen wir die Energiezentren in unsere körperlichen Übungen mit ein, da sie besondere Bereiche darstellen, an denen es häufig zu *Verknotungen* der

Kanäle kommt. Versuchen wir, diese Verknotungen zu lösen, können wir damit auch unsere negativen Geisteszustände auflösen.

Ein weiterer Grund, diese Energiebereiche als *Räder* zu bezeichnen, ist, dass Räder klassischerweise Speichen haben. Übertragen bedeutet dies, dass unsere Energiebahnen speziell an diesen fünf Punkten im Körper *angebunden* sind; mittels bestimmter Übungen können wir diese reinigen sowie ebenfalls deren Verknotungen lösen. In einem nächsten Schritt geht es dann darum, die fünf negativen Emotionen – Ärger, Anhaftung, Eifersucht, Stolz und Unwissenheit – aufzugeben und die entsprechenden positiven Geisteszustände, also Geduld, Großzügigkeit, Mitfreude, Bescheidenheit und Weisheit, zu stärken.

Kommen wir nun zu *lung* oder dem inneren Wind, worunter wir zunächst ganz allgemein *Bewegung* verstehen. Hier wird unterschieden zwischen einem äußeren, inneren und einem geheimen Wind. *Der äußere Wind* wird noch einmal unterteilt in einen *größeren* äußeren Wind und einen *kleineren* äußeren Wind. Der *größere* äußere Wind entspricht unserem Atem; ein gesunder Mensch atmet circa 21.600 Mal pro Tag. Der *kleinere* äußere Wind bezieht sich auf die Bewegung unserer Gedanken sowie auf die rund 84.000 möglichen Geisteszustände. Sehen wir zum Beispiel eine Butterlampe, denken wir *Butterlampe*; sehen wir etwas Weißes oder Grünes, denken wir *weiß* oder *grün*. Mit jedem Gedanken entsteht eine Bewegung, die sich von einem zum Nächsten unendlich fortsetzt.

Der innere Wind als Nächstes lässt sich wiederum in fünf verschiedene innere Winde differenzieren:

Der erste ist der *Wind der Lebenskraft*. Er ist mit der Energie des Herzens verbunden und hält uns am Leben. Gerät dieser Wind aus der Balance, werden wir nervös, und wir beginnen, extrem schnell und flach zu atmen. Je unausgeglichener dieser Wind, desto größer die Gefahr, verwirrt oder verrückt zu werden.

Der zweite ist der *alles durchdringende Wind*, der durch den gesamten Körper fließt. Er bewirkt unter anderem, dass unser Blut bis in die Fingerspitzen transportiert werden kann.

Der dritte innere Wind ist der *Wind, der von Wärme begleitet wird*, sodass die Temperatur im Körper weder zu stark ansteigt noch übermäßig abfällt. Er lässt uns auch die aufgenommene Nahrung verdauen.

Der vierte innere Wind ist der *aufsteigende Wind* und für Schlucken und Atmen verantwortlich.

Der fünfte ist der *herabfließende Wind* und zuständig für die Ausscheidungen des Körpers.

Der geheime Wind schließlich verkörpert das, was im tibetischen Buddhismus die fünf Weisheiten genannt wird: (1) die Weisheit der Wirklichkeit oder der Natur der Phänomene; (2) die spiegelgleiche Weisheit; (3) die Weisheit der Gleichwertigkeit; (4) die alles unterscheidende Weisheit und (5) die alles vollbringende Weisheit.

So kommen wir zu den *inneren Essenztropfen*, den *tigle*. Hier wird zwischen den weißen Essenztropfen des Vaters und den roten der Mutter unterschieden, die die Grundlage unseres Körpers bilden.

Mittels der soeben beschriebenen Winde in den Kanälen und in Verbindung mit den inneren Essenztropfen durchdringt unser Geist oder das Bewusstsein unseren Körper. Trainieren wir unseren Körper so, dass Wind, Kanäle und Essenztropfen vollkommen in Balance sind, können wir die groben Gedanken unseres Bewusstseins unterbinden und die seit jeher innewohnende ursprüngliche Weisheit hervorbringen. Die ursprüngliche Weisheit lässt uns alle Phänomene so erkennen, wie sie sind. Das ist, was wir als das eigentliche Yoga oder als *nalschor* bezeichnen.

Ich möchte hier noch einmal betonen, wie wichtig es ist zu verstehen, dass Yoga sowohl von seiner Bedeutung des Wortes her als auch bezogen auf seine Praxis sehr viel mehr beinhaltet, als wir gemeinhin annehmen. Es geht vorrangig um die Verbindung von Körper und Geist und deren gleichzeitige Entwicklung. Wichtig ist aber auch, dass jeder dies für sich selbst entdecken kann und an die eigenen Voraussetzungen und Umstände anpasst. So können wir den größtmöglichen Nutzen daraus ziehen.

Z

ZUFRIEDENHEIT

Was ist Zufriedenheit?

Zufriedenheit ist womöglich für einige von uns kein angenehmes Wort. Vielleicht deshalb, weil Zufriedenheit der Erfüllung unserer unendlich vielen Wünsche scheinbar im Wege steht. Setzen wir Zufriedenheit mit Entsagung gleich, oder wissen wir nicht recht, wie wir Zufriedenheit richtig anwenden können, und haben darum wenig tiefgreifende Erfahrungen darin, wird es tatsächlich schwer, einen positiven Bezug aufzubauen. Betrachten wir aber unser persönliches Leben und die gesellschaftlichen Vorgänge etwas genauer und prüfen, inwiefern unser Verlangen nach allem Möglichen wirklich unser eigenes und das allgemeine Wohlbefinden fördert, werden wir mit Sicherheit mehr Gefallen an Zufriedenheit finden.

Was bedeutet Zufriedenheit wirklich? Es bedeutet zu wissen, dass das, was wir bereits haben, ausreichend, angemessen und erfüllend sein kann. Doch dazu muss uns zunächst bewusst werden, was und welche Dinge für unser Leben überhaupt wichtig sind. Spricht man mit Menschen über Zufriedenheit, stellt sich heraus, dass viele glauben, sie müssten alles aufgeben, was ihnen Freude bereitet und für sie von Bedeutung ist, um anschließend ein trostloses, eingeschränktes Leben zu führen. Dies ist ein völlig verkehrtes Verständnis von Zufriedenheit. Hierzu ein Beispiel: Ein Schüler braucht für seinen Schulalltag einige Bücher, Stifte, Hefte. Diese Dinge sind notwendig, und ohne sie hätte er nicht, was er braucht, um am Unterricht teilzunehmen. Was er aber nicht benötigt, sind Unmengen an Stiften, die allerbeste Qualität, etwas besonders Ausgefallenes oder Dinge der gerade angesagtesten Marke. All dies ist nicht ausschlaggebend für seinen Schulerfolg. Will sagen, wir brauchen auf nichts zu verzichten, was wirklich notwendig ist für unser Leben, und müssen auch nicht unter ärmlichen Verhältnissen leben. Verfallen wir aber dem Wunsch, weit mehr zu konsumieren als wirklich nötig, und haben wir ein starkes Verlangen nach immer mehr, dann sollten wir uns, meiner Ansicht nach, mit dem Thema Zufriedenheit befassen.

Zufriedenheit im Alltag

Buddha erklärt zwar immer wieder die Notwendigkeit von Zufriedenheit, doch ist dies nicht der Hauptgrund für meine Gedanken hierzu. Blicken wir auf unsere Umweltprobleme wie Luftverschmutzung, Klimawandel oder die Zunahme bestimmter Krankheiten, wird deutlich, wie notwendig es für alle wäre, wenn jeder Einzelne mehr Zurückhaltung üben würde. Auch die derzeitige gesellschaftliche Situation, besonders in psychologischer Hinsicht, zeigt, wie zentral Zufriedenheit für das eigene Leben, aber auch für die Gemeinschaft ist.

Vor diesem Hintergrund möchte ich auf fünf Punkte näher eingehen:

- **Grenzenlose Wünsche**
- **Umweltverschmutzung**
- **Der natürliche Zustand unseres Gehirns**
- **Das Schädigen anderer**
- **Der psychische Zustand von Kindern**

Zufriedenheit und grenzenlose Wünsche

Unsere psychischen Probleme im Leben wiegen meist schwerer als unsere körperlichen. Eines der größten und schwierigsten ist ein Übermaß an Begierden. Wollen wir dem entgegensteuern, ist Zufriedenheit der beste Weg. Können wir unsere Wünsche nicht kontrollieren, ufern sie aus. Dies kann so weit gehen, dass wir Gesetze brechen, Diebstahl begehen, illegale Geschäfte betreiben oder gar töten.

Leiden wir unter Gier und unstillbarem Verlangen, quält uns stets das Gefühl, zu kurz zu kommen oder zu wenig zu haben; und nichts, was wir besitzen, wird uns je erfüllen oder ausreichend sein. So sind wir weder willens noch in der Lage, das wertzuschätzen, was wir schon haben. Sehnen wir uns nach immer mehr und immer Neuem, erkennen wir nicht, was direkt vor unseren Augen liegt, und es wird unmöglich, ein glückliches Leben zu führen. Aus diesem Grund lehrte Buddha die Bedeutung von Zufriedenheit – für ein erfülltes Leben und für dauerhaftes Glück. Ein Mensch, der aufrichtig zufrieden ist, sei ein nobles Wesen, erklärte er.

Zufriedenheit und Umweltverschmutzung

Denken wir an die Natur und unsere Umwelt, wird Zufriedenheit zu einem immer ausschlaggebenderen Faktor. So ist der Klimawandel ein drängendes Problem, dessen Ursachen jeder hinlänglich kennt. Filme wurden gedreht, Bücher geschrieben, Studien publiziert. Doch viele machen nur die Besitzer großer Konzerne, die Politiker oder generell *die Reichen* für die Misere verantwortlich. Nur wenige geben zu, dass jeder von uns in der Verantwortung steht, wenn es ums Maßhalten geht.

Wenn wir betrachten, wie unsere wirtschaftlichen Systeme funktionieren und wie beispielsweise die chemische Industrie oder der Energie- und Ölsektor heutzutage produzieren, wird offensichtlich, wie unaufhaltsam und in welch gewaltigen Mengen wir unsere natürlichen Ressourcen ausrauben. Aber nicht nur das, nach dem Abbau der Rohstoffe behandeln wir sie chemisch und industriell so, dass wir daraus all die zahllosen Produkte herstellen können. Werden diese Produkte am Ende unbrauchbar, werfen wir sie wieder fort und als Industriemüll zurück in die Natur. Dies hat zur Folge, dass die natürlichen Rohstoffe immer weniger werden und im Gegenzug immer mehr und zunehmend nutzlose Dinge produziert werden, die zu guter Letzt unsere Umwelt verschmutzen. In naher Zukunft wird es vermutlich mehr künstliche als natürliche Dinge geben. Überlegen wir dann, wer diesen Prozess aufhalten soll, glauben viele, dies sei vorrangig Aufgabe der Politiker. Doch neben den Politikern gibt es die wirtschaftlichen Akteure, die genau betrachtet keinerlei Interesse an einem maßvollen Umgang zeigen. An diesem Punkt kommen wir zu uns, der Allgemeinheit, zu jedem Einzelnen, der sich in Zufriedenheit üben kann. Öffentliche Kampagnen allein reichen nicht aus. Erst wenn jeder von uns bescheidener wird und genauer reflektiert, was er wirklich zum Leben braucht und was nicht, können wir tiefgreifende und langfristige Veränderungen bewirken.

Zufriedenheit und die Auswirkungen auf das Gehirn

Zufriedenheit wirkt sich gleichermaßen positiv auf unser Gehirn wie unser Wohlbefinden aus. Der Erfahrung nach fühlen wir uns dann spontan zufrieden und entspannt, wenn wir Liebe und Mitgefühl empfinden sowie den Wunsch, anderen zu helfen. Sind wir wirklich an anderen interessiert, fühlen wir uns ihnen nahe und richten in diesen Momenten unsere Hoffnungen nicht auf die Erfüllung unserer Bedürfnisse. Wir fühlen uns im wahrsten Sinne des Wortes *wunschlos glücklich*.

Der amerikanische Neurologe Rick Hanson[17] unterteilt das menschliche Gehirn und seine Funktionen in drei Bereiche, die er wie folgt beschreibt: Das erste Areal beinhaltet den Hirnstamm mit der Aufgabe, Gefahren zu erkennen und uns vor ihnen zu bewahren. Das zweite Areal umfasst das limbische System, den Teil also, der uns nach Belohnung streben lässt. Der dritte Bereich schließlich, der Kortex oder die Hirnrinde, ist auf ein *Wir* oder *Uns* gerichtet und fördert soziale Verbindungen.

Funktionieren diese drei Bereiche im Einklang und werden sie nicht einseitig manipuliert oder instrumentalisiert, fühlen wir uns ausgeglichen und befinden uns in unserem natürlichen Zustand. Durch starkes Verlangen nun geraten diese Areale aus der Balance, und wir lassen uns leicht zu exzessivem Verhalten hinreißen, ganz unabhängig, worum es sich im Einzelnen dreht. Leider ist hier nicht der Raum, ausführlicher auf diese neurologischen Prozesse und ihre Auswirkung auf unseren Geist einzugehen. Jedenfalls zeigen auch neurologische Erkenntnisse, dass ein starkes Verlangen im Widerstreit steht zu dem natürlichen Zustand unseres Gehirns.

Zufriedenheit oder der Wunsch, anderen zu schaden

Alle menschenverachtenden Kriege, die bislang geführt wurden, sind nicht auf Waffen wie die Atombombe zurückzuführen, sondern auf menschliche Maßlosigkeit und Unersättlichkeit. Verursacht durch Gedanken und Vorstellungen wie jene, das eigene Land besitze zu wenig Einfluss und müsse seine Grenzen erweitern, entsteht das Verlangen, andere Länder zu unterwerfen und das Wohl der Menschen dort zu zerstören. Zahlreiche Gräuel sind aus dieser Art Unzufriedenheit entstanden. Zwar haben wir im 21. Jahrhundert weniger Konflikte wie die der zwei Weltkriege, dafür werden viele der heutigen Auseinandersetzungen auf wirtschaftlicher Ebene ausgetragen, die von außen betrachtet weniger aggressiv erscheinen. Wollen wir indes grundsätzlich Konflikte vermeiden, die auf Gier beruhen, sollten wir beginnen, uns auf die Qualität und Kraft der Zufriedenheit zu besinnen.

Wie sich Zufriedenheit auf das psychische Wohlbefinden von Kindern auswirkt

Kindern sollten wir versuchen Zufriedenheit auf kreative Art und Weise zu vermitteln. Im Internet dagegen werden massenhaft attraktive Spiele angeboten; meist läuft dies nach folgendem Schema: Der erste Teil eines Spiels ist kostenlos, danach muss man Gebühren bezahlen. Mit dem spannenden ersten Teil werden die Kinder geködert und ihr Verlangen nach mehr angeheizt. Können sich Kinder oder Eltern die

Gebühren dann nicht leisten oder wollen Eltern sie nicht zahlen, fühlen sich viele der Kinder ausgeschlossen, weil sie nun in ihrem sozialen Umfeld nicht mehr mitreden können. Manche Kinder tendieren nun dazu, sich als minderwertig, ungenügend oder als *Loser* wahrzunehmen. Dringen diese Gefühle tief in die Psyche ein, führt das nicht selten zu großen Problemen. Damit sich ein Erwachsener als vollwertiger Mensch fühlen kann, müssen in der Kindheit entsprechende Prägungen von Wertschätzung, Selbstvertrauen und Zugehörigkeit vorausgegangen sein. Das ist sehr wichtig. Methoden nun, die auf Zufriedenheit basieren, sind aus meiner Sicht gut geeignet, um genau das zu vermitteln. Kinderfilme beispielsweise, die Eltern mit ihren Kindern gemeinsam ansehen und in denen die Bedeutung von Maßhalten und innerer Zufriedenheit spielerisch dargestellt wird, halte ich für äußerst hilfreich. Der Film *Wall-E – Der Letzte räumt die Erde auf* kann hier genannt werden. In diesem computeranimierten Film wird wunderbar, aber auch sehr amüsant ausgemalt, was passiert, wenn die Welt im Müll versinkt.

Wie wir uns in Zurückhaltung üben

Wenn wir es mal ehrlich betrachten: Wie groß ist die Diskrepanz zwischen den Mitteln, die uns zur Verfügung stehen, und unseren eigentlichen Wünschen? Wir können unser Leben damit vergeuden, ständig hinter Wünschen herzulaufen, die zu erfüllen wir nicht in der Lage sind. Manchen gelingt es, sich damit abzufinden, wenn nur einige ihrer vielen Begehren gestillt werden, andere dagegen bleiben immer unglücklich. Menschen reagieren emotional sehr unterschiedlich auf das Missverhältnis zwischen dem, was in ihrer Reichweite liegt, und dem, was sie sich erhoffen. Doch je mehr sich diese beiden Seiten annähern, desto leichter können wir im Leben Wohlbefinden erfahren.

Versuchen wir Zufriedenheit durch die Befriedigung all unserer Verlangen zu erreichen, wird uns dies, so sehr wir uns anstrengen, nicht gelingen. Haben wir dagegen eine natürliche Zurückhaltung und Bescheidenheit entwickelt, werden wir weit weniger leiden, wenn sich einige unserer Wünsche als unerfüllbar erweisen. Wünschen wir uns, das beste Handy auf dem Markt zu haben, das die besten Fotos und Filme machen kann, sollten wir erst einmal prüfen, ob wir all diese Funktionen auch wirklich benötigen. Sind wir keine Fotografen oder Filmemacher, ist vermutlich die allerbeste Qualität gar nicht so wichtig. Eigentlich werden wir nichts vermissen, würden wir ein Handy kaufen, dessen Kamerafunktionen zwar mittelmäßig, aber für unseren Bedarf völlig ausreichend sind. Denken wir auf diese Weise, können wir Zufriedenheit entwickeln. So sollten wir uns immer wieder fragen, ob wir all das, was wir gerne hätten, auch wirklich brauchen. Das ist der erste Schritt.

Der zweite Schritt ist, sich die Qualitäten derjenigen Dinge bewusst zu machen, die wir bereits besitzen. Das, was wir uns in der Vergangenheit angeeignet haben, haben wir erworben, weil uns dessen Vorzüge bewusst waren. Doch sobald etwas Neues oder Verbessertes auf den Markt kommt, verringert sich fast automatisch unsere Wertschätzung. Deshalb sollten wir uns seine Vorzüge wieder ins Bewusstsein rufen. Nicht selten übersehen wir aber auch, dass manche *alten* Dinge zuweilen besser funktionieren als viele der sogenannten neuen. Von Zeit zu Zeit hilft es auch, wenn wir das, was wir haben, mit etwas Minderwertigerem vergleichen. Dann empfinden wir schnell wieder mehr Zufriedenheit mit dem, was da ist. Durch einen Vergleich unserer Umstände mit denjenigen, die schlechter oder schwieriger sind, können Zufriedenheit und Erfüllung wieder hervorscheinen – und dies gilt natürlich nicht nur in materieller Hinsicht.

Sich auf diese Weise in Zufriedenheit zu üben ist Teil der Lehren Buddhas. Aber auch Persönlichkeiten wie Mahatma Gandhi haben gezeigt und sogar politisch vorgelebt, welche Kraft die Anwendung von Zufriedenheit freisetzen kann. Wie Gandhi diese Haltung im politischen Alltag im Einzelnen umsetzte und welche positiven gesellschaftlichen Auswirkungen dies hatte, kann in seiner Lebensgeschichte nachgelesen werden.

DANKSAGUNG

Als Erstes möchte ich mich von Herzen bei meinen Eltern bedanken, die mich immer bei all meinen Entscheidungen unterstützt haben. Sodann bin ich aus tiefstem Herzen meinem Herzenslama, Seiner Heiligkeit Penor Rinpoche, zu Dank verpflichtet, in dessen Händen meine spirituelle Entwicklung liegt. Weiterhin möchte ich meine Übersetzerin Daniela Hartmann nennen sowie alle Unterstützer und Förderer meiner Projekte weltweit – in Singapur, Malaysia, Taiwan, Deutschland, Tschechien und vielen anderen Orten. Hervorzuheben ist besonders die Familie Tsai, die seit meiner Kindheit hilft, meine Pläne zu verwirklichen.

Besonderer Dank gilt auch der Verlagsgruppe Random House sowie dem Kailash Verlag, der dieses Buch und seine Ausrichtung mit entwickelt hat, sowie Michaela Perkounigg, die das Lektorat übernahm.

Kathmandu, Februar 2015

KONTAKT

Wer Kontakt aufnehmen möchte mit Dolpo Tulku Rinpoche oder sich für seine Projekte und Aktivitäten in Deutschland und Nepal interessiert, kann sich an folgende Kontaktstellen wenden:

Dolpo Tulku Rinpoche:
dolpotulku@gmail.com

Dolpo Tulku e.V.:

Michaela Perkounigg (Geschäftsstelle)
muc@dolpotulku.org

Dolpo Tulku Charitable Foundation:

Daniela Hartmann (Übersetzerin / Projektleiterin)
daniela@dolpotulku.org

Informationen zu öffentlichen Veranstaltungen von Dolpo Tulku Rinpoche erhalten Sie über die Website oder Facebook:

www.dolpotulku.org
www.facebook.com/dolpotulku.

QUELLENNACHWEIS

B – Buddha

1 *Religious Composition of the U.S. – U.S. Religious Landscape Survey*, Pew Forum on Religion & Public Life 2007, abgefragt am 9. Mai 2009

2 Nagendra Kumar Singh, *Buddha as depicted in the Puranas, Encyclopaedia of Hinduism*, Vol. 7, Anmol Publications PVT 1997, S. 260-275, abgefragt am 16. April 2012, Wikipedia

3 Islam International Publications, *Buddhism,* abgefragt am 9. September 2010, Wikipedia

4 *The Cambridge History of China*, Vol. 1, »The Ch'in and Han Empires, 221 BC–220 BC«

5 Catholic Encyclopaedia, »Barlaam and Josaphat«, Robert Appleton Company, New York 1913

C – Charakter

6 http://wiki.yoga-vidya.de/Charakterstärke

I – Intention

7 *Achtsamkeit und Mitgefühlsmeditation in einem Palliativzentrum: eine Pilotstudie*, http://www.uniklinik-freiburg.de/

psychosomatik/forschung/sektion-komplementaermedizinische-evaluationsforschung/laufende-projekte.html

8 Mehr Informationen hierzu unter: *http://www.masaru-emoto.net/english/water-crystal.html*

9 *The intelligent Plant*, The New Yorker, 23./30. Dezember 2013, S. 92-105

N - Natur (der Phänomene)

10 Albert Einstein, in: *The Human Side,* Helen Dukas, Banesh Hoffman (Hg.), Princeton University Press 1954

T - Tod

11 Mollaret, P./Goulon, M.: *Le coma dépasse,* Rev Neurol (Paris) 1959; 101:3–15

12 *A Definition of Irreversible Coma – Report of the Ad Hoc Committee of the Harvard Medical School to Examine the Definition of Brain Death*, JAMA, Aug. 5th, 1968, Vol. 205, No. 6, p. 85 – 85

13 *Address of the Holy Father John Paul II to the 18th International Congress of the Transplantation Society,* 29. August 2000 – http://www.vatican.va/holy_father/john_paul_ii/speeches/2000/jul-sep/documents/hf_jp-ii_spe_20000829_transplants_en.html

14 www.presseportal.de/pm/21085/2309496/palliativmedizin-und-sterbebegleitung-werden-immer-wichtiger. Die Statistik stützt sich auf eine SPIEGEL-Umfrage von 2012 sowie auf Jaspers/Schindler, 2004

X – Xenophobie

15 Studie zum Geburtenrückgang: *Deutschland im Baby-Blues*, SPIEGEL ONLINE, 17. Dezember 2012, *http://www.spiegel.de/politik/deutschland/studie-deutsche-wuenschen-sich-immer-weniger-kinder-a-873338.htm*

16 *The number of international migrants worldwide reaches 232 millions*, Population Facts, No. 2013/2, September 2013, United Nations Department of Economic and Social Affairs, Population Division, *http://esa.un.org/unmigration/documents/The_number_of_international_migrants.pdf*

Z – Zufriedenheit

17 Rick Hanson, *Hug the monkey*, 29. Juli 2011, http://www.rickhanson.net/just-one-thing/hug-the-monkey